L'ART DE VIVRE

PAR

Le docteur CH. D'ESPINEY

CHEVALIER DE SAINT GRÉGROIRE LE GRAND

AVEC UNE LETTRE

de Son Emin. le Card. MERMILLOD

Ancien Évêque de Lausanne et de Genève

Ut absorbeatur quod morale est
a vita (*Ad Cor.*, II, v. 1).

NICE
IMPRIMERIE DU PATRONAGE SAINT-PIERRE
1892.

LETTRE

DE MONSEIGNEUR MERMILLOD

AU DOCTEUR D'ESPINEY

Fernex (Ain), 27 février 1878.

MONSIEUR,

J'ai examiné le manuscrit que vous m'avez confié; je ne puis que vous féliciter d'avoir écrit ce travail que j'ose appeler une œuvre de foi et de science. Vos études sur les souffrances de l'âme et du corps, sur le mariage, la famille et l'éducation sont bien d'un penseur chrétien qui éclaire des lumières de la révélation les phénomènes mystérieux et douloureux de la vie. Vous ne vous bornez pas à enseigner l'art de vivre à l'individu, mais vous montrez parfaitement l'action sociale de l'Eglise en étalant les ruines qu'ont faites les désastreuses doctrines révolutionnaires.

Votre style correct, simple et élégant, fait ressortir votre pensée et la présente dans toute sa force.

En vous engageant à publier votre livre, je puis sans crainte en présager le succès et vous annoncer qu'il portera la lumière consolante et fortifiante à bien des âmes.

Recevez, Monsieur, avec mes remercîments, l'assurance de mes sentiments dévoués en N. S.

GASPARD MERMILLOD,
Evêque d'Hébron, Vicaire Apostolique de Genève.

AVANT PROPOS DE L'ÉDITEUR

On lit dans le bulletin Salésien de Novembre 1891 :

« *Notre maison de Nice va donner une nouvelle* « *édition de* L'Art de vivre, *petit recueil, ou plutôt* « *écrin de pierres précieuses recueillies, par notre* « *cher défunt, et qui sont comme l'image fidèle des* « *vertus qui ont orné son existence. Ce petit écrin,* « *d'Espiney le revoyait souvent. Dans les dernières* « *années, presqu'au dernier moment de sa vie, il avait* « *donné un dernier poli à son œuvre, modifiant, corri-* « *geant, ajoutant certaines parties.*

« *On n'a pas oublié l'éloquente approbation de* « *Monseigneur Mermillod publiée en tête de l'édition* « *de* 1878.

« *La nouvelle édition est sous presse à notre Im-* « *primerie de Nice.* »

Cette édition la voici ; que Marie Auxiliatrice et Don Bosco bénissent cette œuvre et lui fassent produire tout le bien qu'en attendait un homme d'une grande valeur, Monseigneur Postel. La mémoire de ce Vénérable Prélat ne s'est point effacée du cœur des habitants de Nice, et beaucoup se rappellent encore les paroles prononcées par lui dans cette petite chapelle du Monastère de Sainte Ursule dont il était aumônier. Dans une réunion des Mères chrétiennes, après avoir dit en chaire tout le bien qu'il pensait de L'Art de vivre, *il ajouta : « Je voudrais voir ce livre, qui n'est pas assez connu, dans les mains de toutes les familles chrétiennes vivant dans le monde » et il engagea spécialement les Mères chrétiennes à en faire le programme de la vie d'intérieur et de famille. — « Parlez-en aux personnes du monde que vous connaissez, d'autant plus que comme littérature, je le trouve un ouvrage charmant. » — Puisqu'il est question de littérature, bien qu'il ne s'agisse pas de* L'Art de vivre, *dans les deux documents, ci-joints, nous ne pouvons résister au désir de faire connaître comment le talent littéraire du Docteur d'Espiney et l'influence salutaire de ses écrits ont été appréciés par deux hommes dont la compétence est hors de pair en ces matières. Le premier de ces documents est une lettre de Monseigneur Ricard, elle est ainsi conçue :*

La Ciotat, le 8 *Septembre* 1887.

Monsieur le Docteur,

Je suis bien reconnaissant au cher Chanoine Rolland de la bonne fortune littéraire qu'il m'a value. C'est du Scribe, du Musset et du vaudevilliste académicien, mêlés et fondus dans leurs meilleures qualités. Je vous remercie sincèrement des heures charmantes que vous m'avez fait passer. Sans pruderie, vous restez si parfaitement honnête, que les salons où l'on s'amuse chrétiennement doivent vous savoir gré de leur avoir fourni le moyen de n'être plus les salons où l'on s'ennuie.

Il me semble bien extraordinaire que la presse n'ait pas parlé davantage de ces petits chefs-d'œuvre : pour mon humble part, je tâcherai de réparer cette injustice autour de moi.

Je demeure, Monsieur le Docteur, avec reconnaissance votre sympathique admirateur.

ANT. RICARD.
Prélat de la Maison de sa Sainteté.

Le second est une lettre de M. A. DE PONTMARTIN.

UNE SURPRISE.

Les surprises littéraires et théâtrales sont rares en province; mais leur rareté même les rend plus agréables. L'autre jour, cédant à la plus aimable des invitations, je forçais mes habitudes sédentaires : j'acceptais la gracieuse hospitalité de Mme la comtesse de V..., au château de Roquefort. Ce qui m'avait décidé, c'était ce mystérieux post-scriptum : « *On jouera la comédie.* » — *La comédie chez Mme la comtesse de V... — aussi spirituelle que pieuse, mais aussi pieuse que spirituelle!*

— *Allons! me disais-je, la pièce que l'on va jouer sera probablement empruntée au répertoire des couvents et des colléges, où la* Fille de Roland *devient le* Fils de Roland, *où le* Dîner de Madelon *s'appelle le* Dîner de Jacquot, *et où les péripéties du* Voyage de M. Perrichon, *riche célibataire et oncle à héritage, alternent entre son neveu Marcel, qui le sauve, et son neveu Frédéric, qui lui décerne les hon-*

neurs du sauvetage. Ce qui peut m'arriver de plus heureux, c'est que la châtelaine et son groupe aient trouvé, dans la collection du Théâtre de campagne, *une pièce vertueuse, et se décident à la jouer, après l'avoir préalablement revue, contrôlée et expurgée.*

J'arrive ; après un déjeuner charmant, on me remet un élégant programme, et je lis :

« POUR MA FILLEULE ! *comédie en un acte : Caroline de Gervais, la baronne de Tréneuil, Elise, la marquise de Roybel, Gontran de Surgy, le capitaine de Prasly, Françoise, Mlle Dubignon. — Le* MAJOR, *comédie en un acte : Suzanne de Sorbières, la comtesse de Précy, Berthe d'Amblard, la vicomtesse de Brême, Clarisse, Mme d'Aubigny, Latour, le lieutenant Brunel.* »

***

Jolie salle de spectacle. On commence : dès la seconde scène, je me dis : « Je suis mystifié, mais à rebours, en sens inverse. » C'est exquis ; cela rappelle les petits chefs-d'œuvre du bon temps d'Eugène Scribe, au théâtre de Madame : la demoiselle à marier, *les* Premières Amours, *la* Marraine ; *premières joies de mon adolescence, fleurs écloses sous le regard et le sourire de la bonne duchesse, cueillies par les blanches mains de Léontine Fay et de Jenny Vertpré ! Tout juste ce qu'il faut d'intrigue pour que l'intérêt se soutienne d'un bout à l'autre ; ce qu'il faut de* métier *pour qu'on reconnaisse un amateur doué de toutes les qualités de l'homme de théâtre ; une étoffe légère, relevée, à chaque instant, par de fines brode-*

ries. Dans : Pour ma filleule ! *la scène qui amène Caroline à accepter Gontran pour mari est filée avec un art infini. Elle est ravissante, cette Caroline ! Une sœur cadette de Mme de Léris, l'héroïne du* Caprice, *d'Alfred de Musset ! Je ne sais pourtant si je ne préfère pas le* Major *à* Pour ma filleule ! *Suzanne a consenti à faire de son salon le théâtre d'une entrevue qui doit réunir le major Latour et Mlle d'Apreval. La maman, née d'Orgemont, se décommande au dernier moment sous prétexte de migraine. On n'a pas le temps d'avertir le major, il arrive. Heureusement, Suzanne n'est pas seule, Sa cousine, la gentille Berthe, est là tout à point pour sauver la situation et donner un autre dénouement à la visite du major. Berthe, très heureuse en ménage et fort éprise de son mari, — car tout est extraordinaire dans ces jolies comédies, — veut que Suzanne soit heureuse comme elle. Le major est charmant. Il aura toutes les perfections d'un excellent mari. Berthe conduit si habilement le dialogue, que le major Latour tombe aux pieds de Suzanne. Il ne regrettera pas Aline d'Apreval, de qui Berthe nous fait un portrait peu séduisant ; blonde, légèrement fadasse, plate comme une planche... et le caractère... oh ! là, là !... »*

Naturellement, ces deux comédies, délicieusement jouées, m'avaient mis en goût : j'ai demandé s'il n'y en avait pas d'autres. Il y en a un volume : les Comédies du docteur *(théâtre de salon), par Charles d'Espiney ; édité par Emile Perrin, successeur de Didier (excusez du peu !) un vrai panier de fraises, variante que je propose obstinément au classique panier de ce-*

rises : — Oh ! les femmes ! — *Les* Eaux de Saint-Gervais. — Bric-à-Brac. — Comme à Alger. — *Les* Qualités de mademoiselle. — C'est sa fête ! *La* Comédie au salon. — *Toutes plus ingénieuses, plus amusantes, plus délicates, plus touchantes les unes que les autres.*

La saison n'est pas encore bien avancée : d'ailleurs, si je suis exactement informé, bien des châteaux resteront ouverts jusqu'au printemps, par cela même que bien des hôtels resteront fermés. Le goût de la comédie de société ou de salon se répand de plus en plus. D'autre part, le répertoire des pièces jouables dans ces conditions commence à s'épuiser ou a s'user. Le volume exquis du docteur Charles d'Espiney offre aux lecteurs et aux lectrices du Gaulois *un moyen de le renouveler. On me dit que ce spirituel docteur est homœopathe. Je le crois bien ! Entouré de gens d'infiniment d'esprit, il les traite par l'homœopathie.*

A. DE PONTMARTIN.

(Le Gaulois 13 octobre 1886)

Ayant excellé aux vers latin, cette pierre de touche de la brillante culture intellectuelle, Charles d'Espiney garda toujours dans son style d'une clarté suprême et d'une sobre élégance, le charme, la ciselure, et cette lucide propriété des termes dont seul est empreint le français des bons latinistes.

C'était le lucidus ordo d'Horace.

La lettre suivante adressée au Directeur du Bulletin Salésien initiera le lecteur à la vie de l'auteur de ce petit livre.

TRÈS CHER ET RÉVÉREND PÈRE,

Je voudrais vous parler de notre cher Docteur. Mais que dire de lui? Mon embarras est extrême. Sa vie était si cachée, si modeste, qu'il semblait prendre à tâche de dérober à la vue des hommes tout ce qui pouvait donner quelque splendeur à sa personnalité. Et pendant cette longue année de souffrances qui a précédé sa mort, Dieu, en le privant de la parole, nous a privés aussi de bien des pensées que nous aurions recueillies.

Quelle existence laborieuse et modeste! Levé à une heure très-matinale, il allait entendre la messe et recevait le pain des forts, puis il commençait sa journée de travail. Que de courses! que d'ascensions à tous les étages et jusqu'aux pauvres mansardes qui abritent de si poignantes misères! — A midi il rentrait harassé, n'en pouvant plus. On se mettait à table et notre cher Docteur, pour dérober le moins de temps possible à ses malades, mangeait avec une rapidité telle qu'il avait fini longtemps avant ceux qui partageaient son frugal repas. La sonnette ne tardait pas à retentir et alors commençaient les consultations du Cabinet. Elles duraient ordinairement jusqu'à 3 heures ou 3 heures et 1|2, heure à laquelle recommençaient les courses. Elles ne se terminaient que vers les 7 heures moment du souper.

Passionné pour la musique, bon exécutant et possédant à un haut degré le sentiment artistique, notre cher Docteur se délassait ordinairement en fai-

sant sa partie sur le violon dans quelques trios classiques pour piano et violons, avec sa femme et son fils. D'autres fois, parents et amis se réunissaient dans son salon, et on alternait entre la musique et quelque jeu ou lecture. On causait peu; mais quand on causait, notre cher Docteur y mettait beaucoup de bonhomie et de gaîté. Se rappelant son Boileau:

> *Ce n'est pas quelquefois qu'une muse un peu fine,*
> *Sur un mot en passant ne joue et ne badine,....*

il se permettait assez souvent quelque jeu de mot, éclos sans effort comme une petite fleur sous un rayon de soleil.

On se retirait de bonne heure; mais la journée n'était point finie pour le Docteur. Et sa correspondance considérable, et ses lectures, les recherches et les études que lui imposait sa conscience! où prendre le temps pour tout cela, sinon sur le sommeil? Et sa lampe ne s'éteignait souvent que bien tard dans la nuit. N'oublions pas qu'une large part de son temps était prélevée au profit du Cercle Catholique, des œuvres de S. Vincent de Paul, etc.

Ainsi s'écoulaient les deux tiers de l'année, dans un labeur incessant et excessif. L'été venu, on s'envolait vers S. Gervais, Bourbon-Lancy, ou vers le château hospitalier de quelqu'un de ses nombreux amis. La, le Docteur continuait sa vie laborieuse, avec moins de fatigues cependant. Il se délassait, faisait de grandes promenades, principalement dans les sites merveilleux de la haute Savoie, puis il écrivait en se jouant quelqu'une de ces charmantes co-

médies, auxquelles ceux qui les connaissent doivent de bien agréables soirées. Pour donner quelque poids à nos appréciations, nous devons dire qu'elles ont valu à l'auteur des lignes excessivement flatteuses de l'un de nos plus spirituels et ajoutons de nos plus sévères critiques, M. de Pontmartin (Une surprise - *Gaulois,* 13 *octobre* 1886*).*

Mais à S. Gervais ou dans tout autre pays, notre cher Docteur ne négligeait en rien ses pieuses habitudes; et s'il savait être Docteur savant et habile, homme du monde aimable, musicien d'une grande valeur, littérateur charmant et fécond, il était avant tout, partout et toujours l'ami fidèle et dévoué de Don Bosco et de ses œuvres, le pieux, solide et charitable chrétien, le chef de famille selon le cœur de Dieu, suivant tous les préceptes du Divin Maître et de la Sainte Eglise, s'efforçant de traverser le monde, à l'exemple du Sauveur, en faisant le bien.

Jeune encore, il s'était pris d'un saint amour pour le Curé d'Ars, puis pour Don Bosco, que la grâce de Dieu a placés sur son chemin comme pour embellir encore et perfectionner sa belle âme. A l'influence de ces deux hommes, de ces deux saints qui ont laissé une trace si profonde dans la vie et les œuvres du Docteur, nous devons joindre celle des écrits de St. François de Sales. Aprés les Livres Saints, d'Espiney aimait par-dessus tout les livres de St. François de Sales. Il les lisait et les relisait, les méditait et ne se lassait pas de se nourrir de leur substance et de s'imprégner de leur saveur.

Qu'il nous soit permis de compléter ces quelques rensei-

gnements sur l'auteur si aimé et si regretté de l'Art de vivre, en citant le témoignage que rendait de lui un de ses pieux émules dans les œuvres de charité, Monsieur Levrot architecte, dans cette séance solennelle du 25 mars 1886, où Don Bosco remit à son historien, au nom du Saint-Père, les insignes de l' Ordre de Saint-Grégoire le Grand. Voici comment s'exprimait M. Levrot pour indiquer sur qui s' était porté le choix de Sa Sainteté:

« Regardez qui est, parmi nous tous, le plus élevé « par la science et le plus grand par le cœur — C'est « celui-là.

« Le plus dévoué aux œuvres catholiques, le plus « charitable envers les pauvres et les ouvriers — C'est « celui-là.

« Le plus attaché à Don Bosco et à ses œuvres, « qui les a fait connaître d'un bout de la France à « l'autre, et on peut dire du monde entier, par son « merveilleux livre que vous avez tous entre les mains « — C'est celui-là.

« Et si vous voulez que je presse davantage la « question, pour mieux vous le faire connaître, je vous « dirai: Mettez la main sur votre cœur et demandez-« vous pour qui vous voteriez si vous deviez faire vo-« tre choix:

« Nous voterions tous et par acclamation pour « Monsieur le Docteur d'Espiney..., eh bien, le nou-« veau chevalier de St. Grégoire le Grand, vous l'a-« vez dit, c'est Monsieur le Docteur d'Espiney. »

L'ART DE VIVRE

Les anciens philosophes croyaient donner une bien sublime idée de l'homme en le définissant: *un petit monde dans le grand*.

Il appartenait à un Père de l'Eglise d'aller plus loin et plus haut, et saint Grégoire de Nazianze a pu s'écrier: *l'homme est un grand monde dans le petit*.

N'est-il pas en effet le roi de la création, plus grand que le monde tout entier par le don de cette âme immortelle qui le relie directement aux anges et à Dieu !

Esprit et matière, l'homme est malheureusement bien plus sollicité à la satisfaction de ses appétits matériels qu'à la culture de son âme.

Placé sur cette mystérieuse échelle dont la base repose sur la terre et dont le sommet touche le ciel, il lui paraît plus naturel et surtout il lui est plus facile de descendre que de monter.

Et cependant, entre ce corps sujet à la corruption et à la mort, et l'âme incorruptible et immortelle, il semble que le choix ne devrait pas être douteux; de sorte que *l'art de vivre* devrait s'appeler, de son vrai nom, *l'art de mourir.*

Ce qui nous trompe, c'est ce fallacieux mirage du bonheur que nous cherchons tous là où il n'est pas.

Le bonheur n'est pas au dehors de nous; il n'est pas lié aux circonstances extérieures : *nous le portons tous en nous-mêmes*, parce qu'il procède infailliblement de la direction imprimée à l'âme; — et je ne parle pas seulement du bonheur éternel, mais aussi du bonheur actuel, immédiat, dans le temps présent.

L'âme, supérieure au corps de sa nature, a le pouvoir, en se reliant à Dieu, de dominer les imperfections et les débilités de la chair, de transformer en éléments de vie et de joie les souffrances fatales de la nature humaine.

Mais, pour que notre âme acquière cette merveilleuse puissance, elle doit être vivifiée sans relâche, et ce travail, le plus utile de tous, loin de s'accomplir aux dépens du corps, peut au contraire le pénétrer d'une force et d'une beauté nouvelles.

Si vous soumettez les œuvres de la chair à l'esprit, vous vivrez, a dit le grand apôtre saint Paul, et cet incomparable précepte doit devenir la règle fondamentale de toute vie bien ordonnée.

MALADIES DU CORPS ET DE L'AME

Le corps et l'âme de l'homme sont sujets à des souffrances, à des maladies qui, au point de vue de leur genèse, peuvent être rapportées à trois causes.

Elles sont :

Originelles, faute du premier homme;

Héréditaires, faute de nos ancêtres,

Personnelles, notre propre faute.

Tous les maux infligés à l'humanité procèdent, on le sait, du péché originel, de la déchéance du premier homme transmise à sa postérité la plus reculée.

Et cette punition du Père dans les enfants est une loi inflexible qui se continue à travers les siècles.

Lorsque David s'est laissé aller au mal, le Seigneur irrité lui dit : « *Je susciterai le mal contre toi ; il sortira de ta propre maison... Le fils qui t'est né mourra de mort.* »

C'est ce fils qui paye la dette du père ! étrange

expiation qui serait incompréhensible si elle ne découlait du péché d'Adam.

Et non seulement les individus sont aussi atteints, mais les familles et les nations elles-mêmes n'échappent pas à ce terrible châtiment.

A certaines époques on voit, un peuple entier ébranlé, déraciné par des revers qui déjouent toutes les combinaisons humaines ; et l'on reconnaît avec stupeur que les innocents ne sont pas épargnés et qu'ils sont même les principales victimes.

Qu'on fouille dans le passé, et la lumière se fera éclatante: c'est la justice de Dieu qui passe, elle a pu être tardive et lente, mais elle est fatale, les coupables sont frappés dans leur descendance.

A un autre point de vue cette punition du Père dans les enfants est bien apparente dans ce qu'on appelle les *maladies héréditaires*.

« *Lorsque les Pères ont mangé des raisins verts, les dents des enfants sont agacées.* » (Ezéchiel XVIII. 2.)

Qu'un homme avilisse, souille son corps ou son âme, la punition sera d'autant plus redoutable qu'elle n'atteindra pas lui seul; il va transmettre à une ou plusieurs générations le germe de maux physiques, de déviations morales.

Dieu a prononcé que les fautes seraient punies, non seulement par les souffrances et dans la personne de ceux qui les ont commises, mais encore par les souffrances et dans la personne des enfants et des petits-enfants.

La conséquence est impitoyable: tout être qui dégrade son corps ou son âme, produit une flétrissure qui retentit dans sa postérité; et la décadence va prendre des proportions infinies dans ces rejetons, caducs de naissance, dont le sang sera vicié et l'âme avilie. Car, de même que les maux et les infirmités du corps se transmettent de génération en génération, de même les déformations de l'âme reparaissent chez les descendants; doubles stigmates infligés au père dans la meilleure partie de lui-même: dans sa race.

Au contraire, tout être qui respecte et cultive son corps et son âme, travaille non seulement à sa propre perfection, mais encore à celle des êtres qui lui devront le jour.

Il est des familles où la santé, la beauté physique et la longévité sont de règle, pour ainsi dire, et procèdent de longues années d'une vie bien ordonnée chez les ancêtres.

L'aptitude militaire est incontestablement une affaire de race, chez les individus comme chez les peuples. La force du corps, le patriotisme, la noblesse et le courage se transmettent avec le sang; et une nation, chez laquelle s'amoindrissent toutes ces qualités, est bien près de la décadence et de l'asservissement.

L'intelligence aussi se transmet et s'accroit de père en fils, si elle est assidûment cultivée, et l'on voit alors surgir ces êtres privilégiés, qui marquent leur passage ici-bas en traits de feu, et qui ont le don d'émouvoir et d'enthousiasmer les multitudes.

Il faut un travail opéré souvent pendant plusieurs générations, pour produire un de ces hommes grands entre tous, un général, un penseur, un orateur, un poète, un peintre, un musicien...

Raphaël, Mozart... arrivent du premier bond et dès la plus extrême jeunesse à l'idéale perfection, et leur prodigieux génie est certainement inné. Ce sont des efforts persévérants, des aspirations incessantes, une mystérieuse préparation chez un ou plusieurs ancêtres qui ont fait germer cette fleur merveilleuse, éclosion souvent unique qui semble parfois épuiser la souche et la rendre stérile.

Mêmes phénomènes, mêmes conditions dans l'ordre moral. En creusant la vie des saints, on retrouve toujours un père, une mère, un aïeul qui ne les ont pas seulement engendrés matériellement, mais leur ont encore transmis la vie de l'âme, la vie de leur propre âme.

Ainsi nous sommes en présence d'une loi d'hérédité inexorable : l'homme déréglé, vicieux, dispose non seulement de lui, mais encore de l'existence d'êtres innocents ; et l'étendue de sa faute devient dès lors proportionnelle au mal qu'il commet, non seulement dans le temps présent, mais encore dans le temps futur.

Par contre, celui qui travaille au développement et au perfectionnement de son corps, de son intelligence, de son âme, travaille, à coup sûr, non seulement pour lui, mais encore pour ses descendants.

Et, pensée bien consolante, si le succès ne

couronne pas toujours nos efforts, si l'idéal n'est pas toujours atteint, acceptons sans amertume notre imperfection, notre impuissance, notre insuccès apparent. Nos fils recueilleront un jour, au centuple peut-être, le fruit de notre labeur. Chez eux, toutes nos qualités, péniblement acquises, revivront avec cette splendeur de germination qui est une des lois de la nature. Raphaël et Mozart étaient les fils, l'un d'un peintre, l'autre d'un musicien, demeurés obscurs tous deux, mais qui ont éclos, pour ainsi dire, dans l'âme inspirée de ces maîtres divins. C'est que, chaque fois que nous faisons un pas, si petit soit-il, dans la voie de la perfection, nous n'avançons pas seuls; notre postérité la plus reculée marche avec nous et recueille infailliblemeut le bénéfice de nos efforts d'ascension. Chez eux, nos aspirations inassouvies deviendront une réalité; et puis Dieu, qui punit jusqu'à la quatrième génération les fautes des pères, ne bénit-il pas jusqu'à la millième génération les bons et les justes!

Il est donc certain que l'homme procède de ses ancêtres; il vient au monde avec des aptitudes physiques et morales qui lui ont été transmises

— ce qui rend d'un prix inestimable la noblesse du sang et de la race, — mais, par contre, cet homme jouit de la plus absolue, de la plus inaliénable liberté. Entre l'abaissement ou l'exaltation de sa propre vie, il peut toujours librement choisir; il peut traîner dans la boue les dons les plus heureux du corps et de l'esprit, comme il peut, avec le corps et l'esprit les plus infimes, les plus déshérités, se lancer hardiment dans la voie de l'absolue perfection.

C'est qu'il possède son âme, flamme indestructible qu'un peu d'amour soulève toujours, toujours en haut.

Quel que soit l'homme, quelle que soit l'empreinte qu'il apporte en naissant, on peut affirmer qu'il lui est toujours possible de travailler à son perfectionnement physique, intellectuel et moral.

La transformation physique ne peut évidemment dépasser certaines bornes; tout être ne peut acquérir la santé parfaite, la force et la beauté, quoique, par des médicaments appropriés, comme aussi par une disposition sagement équilibrée des actes de sa vie, il puisse notablement améliorer son corps.

De même le développement de l'intelligence ne peut être indéfini ; il y a des aptitudes négatives contre lesquelles toute lutte serait stérile, et le génie est, le plus souvent, le fruit d'une culture lente, opérée à travers plusieurs générations.

Mais, lorsqu'il s'agit de l'âme, cette transformation facultative n'a plus de limites et l'on peut dire que tout homme est appelé à la sainteté.

Depuis que le sang du fils de Dieu a arrosé les germes flétris par le péché originel, l'humanité déchue peut aspirer tout entière à la réhabilitation ; nous pouvons tous arriver à la sanctification de notre âme, le plus haut terme de perfection qui soit donné à un être créé.

Comment travaillerons-nous à ce constant perfectionnement de nous-mêmes, présenté comme le vrai et unique but de la vie ? — J'affirme que les enseignements de l'Eglise catholique, apostolique, et romaine nous apprennent tout, absolument tout ce qu'il importe de connaître et de pratiquer. Elle est pour l'homme la constante lumière, l'appui le plus ferme, le guide le plus infaillible depuis sa naissance jusqu'à sa mort. Que dis-je ! elle lui tend, après sa mort même, la main la plus secourable.

C'est ce que je vais essayer de démontrer en jetant un coup d'œil rapide sur les conditions de la santé physique et morale de l'homme, et sur les moyens de vivification de son âme.

LE CORPS

LA SOUFFRANCE PHYSIQUE

Parmi les hommes, les uns sont doués de la beauté, de la force, de la santé ; les autres sont débiles, chétifs et malades.

Ces différences, qui varient à l'infini, proviennent soit de la direction bonne ou mauvaise que nous avons imprimée à notre vie, soit des germes que nous ont transmis nos ancêtres.

La transmission des vices héréditaires constitue, avons-nous dit, la punition précise des pères dans les enfants.

Quelle science humaine peut expliquer cette flétrissure imprimée à des êtres innocents pour des actes qui ne sont pas les leurs ? Quelle science humaine surtout va trouver des consolations pour les victimes de ces fautes ?

Pourquoi moi, qui arrive à la vie, suis-je faible, infirme, languissant, rongé de maux, accablé du poids d'une existence qui va s'éteindre au premier choc ? Est-ce ma faute si mon père, ou je ne sais quel aïeul, ont empoisonné le sang qu'ils m'ont transmis ? de quel crime suis-je coupable pour subir une punition si imméritée ?

Que répondrez-vous, savants de ce monde, à pareille plainte ? quelle consolation allez-vous apporter ? quel remède à ces maux trouverez-vous dans toute votre science sociale ?

N'est-ce pas l'Eglise qui va faire luire sur cet être blessé un sourire de Dieu, qui va transformer en indicibles joies ses amères souffrances !

Ne pleure pas, pauvre enfant ! dis-moi : entre le bourreau et la victime, quel rôle te plaîrait ? celui de victime, n'est-ce pas ? Sache-le donc, il y a dans les souffrances supportées avec résignation — je dis mieux, avec joie, — il y a une merveilleuse vertu d'expiation qui te rend l'enfant chéri du cœur de Jésus-Christ. Notre divin

Seigneur a voulu expier nos fautes en souffrant et en mourant pour nous sur la croix. Eh bien! toi aussi tu souffres, si tu le veux, pour tes parents, tes frères, le monde entier, les vivants et les morts. Chacune de tes souffrances est comptée; ils l'inscrivent en lettres d'or, les Anges de Dieu que tu iras rejoindre, et tu seras un jour heureux et beau comme eux.

Quel baume de vie découle de cette doctrine de la *réversibilité des souffrances!* L'innocent est puni de fautes qui ne sont pas les siennes, mais il peut, en revanche, racheter les coupables. *C'est la rédemption du genre humain continuée par l'humanité elle-même.* Toute douleur offerte à Dieu dans cette intention et en communication des douleurs du divin Crucifié, acquiert une vertu expiatrice, devient un cri d'intercession toujours écouté.

Dieu a pour agréable le sacrifice. Tout sang innocent répandu peut, aujourd'hui encore, laver des souillures; et cette loi divine d'expiation ne s'exerce pas d'une façon seulement individuelle, mais les nations elles-mêmes y sont soumises.

Quand les vices et les iniquités d'un peuple ont débordé la mesure, Dieu permet quelque immense cataclysme. Des flots de sang rougissent la terre comme un vaste autel, et des milliers d'innocents rachètent les coupables. Ce sang fume au ciel comme un immense holocauste ; le bras de Dieu est désarmé, mais alors... malheur aux bourreaux.

Ainsi la chute du premier homme sorti de la main de Dieu est devenue la cause fatale de l'aptitude au mal.

Le premier être issu de la procréation humaine a été Caïn, *un meurtrier ;* mais le second a été Abel, *une victime.*

Depuis Adam, les hommes transmettent à leur race leurs déformations physiques et morales ; mais, depuis l'immolation de l'Agneau sans tache, les justes peuvent, en communication du sang qui a arrosé le Calvaire, offrir leurs souffrances et leur sang pour le rachat de leurs propres fautes et de celles de leurs frères ; mission qui revêt d'une incomparable splendeur le rôle de victime, qui transforme la souffrance physique et morale, et peut la rendre, dès ici-bas, la source d'une inaltérable paix et même d'un souverain bonheur.

Ainsi envisagée, la souffrance, même corporelle, est le plus magnifique présent qui puisse nous être fait, puisqu'il faut *que nous souffrions ou que l'on souffre pour nous.*

Lorsque Dieu nous veut, lorsqu'il nous appelle et que nous restons sourds à sa voix, il nous frappe d'abord dans les êtres que nous aimons plus que nous-mêmes, dans nos enfants, le propre fruit de nos entrailles. *On souffre pour nous*, ce qui est le plus cruel et le plus rigoureux degré de l'expiation.

Puis, par un ménagement de son amour, Dieu adoucit la peine : il nous accorde la souffrance personnelle. Il nous dépouille, nous étend sur le fumier, comme Job, et nous couvre de plaies. Merci, Mon Dieu ! Béni soit Notre Seigneur Jésus-Christ qui nous admet à porter sa croix ! Pressons sur notre front les épines de sa couronne, enfonçons dans nos mains et dans nos pieds ces clous qui l'ont transpercé, que notre flanc saigne, que notre bouche désséchée aspire après une goutte d'eau, que les hommes rient de ous, nous délaissent et nous méprisent. Je bénis nes humiliations, mes opprobres et mes plaies. *Ma hair en frémit, mais mon cœur les adore.* Seigneur

Jésus, vous m'avez ouvert le chemin de votre gloire : *vous avez fait de moi le Royaume de mon Dieu !*

O mystérieux apanage de la douleur ! Ceux qui la fuient, ceux qui la repoussent avec effroi sont courbés sous ses étreintes, comme des esclaves. Ceux qui la demandent, qui se prosternent pour la recevoir avec amour, ceux-là sont Rois et Maîtres en ce monde, comme Jésus volontairement cloué sur la croix.

C'est ainsi que les Saints, lorsque la souffrance du corps se faisait attendre, se sont plu à la rechercher comme d'autres recherchent le plaisir et la volupté.

Adoro tormenta tanquam sacramenta disait saint Camille de Lellis. Pour sainte Thérèse, c'était : *Pati aut mori*. Pour saint Jean de la Croix, c'était : *Pati et contemni.* — La bienheureuse Marguerite Marie ne cessait de répéter : *La vie ne nous est donnée que pour souffrir, je ne vois rien qui adoucisse tant la longueur de la vie que de toujours souffrir en aimant.*

Mais avant de nous lancer dans cette voie ardue de la perfection, étudions les conditions normales de santé et de force que peut nous procurer une vie chrétiennement ordonnée.

MARIAGE ET CÉLIBAT

De tous les dons que l'homme a reçus, un des plus magnifiques c'est l'*amour*.

Ce sentiment merveilleux, tout être humain est appelé à en ressentir l'étreinte, parce que l'amour, dans son premier et instinctif élan, s'adresse d'abord à la créature.

Mais tels ne sont pas son unique fin et son but suprême : dans l'ordre providentiel, l'amour selon la chair ne doit être qu'un degré d'ascension, un point d'appui que prend l'âme pour s'é- ever plus haut, pour arriver à la connaissance e l'amour inaltérable et sans bornes ; en un mot, our gravir jusqu'au foyer de tout amour, jus- u'à Dieu, l'amour lui-même.

C'est ce qu'a exprimé l'apôtre saint Paul quand a dit :

Ce n'est pas l'élément spirituel qui précède dans l'homme: mais l'animal, puis le spirituel. — Sed non priùs quod spiritale est, sed quod animale: deinde quod spiritale (Ad Cor. I[a], XV, 46).

Ainsi de l'amour terrestre doit sortir l'amour spirituel, comme l'étincelle jaillit du caillou.

C'est que, dans l'amour le plus matériel, Dieu a mis je ne sais quel germe divin qui donne à l'homme comme un pressentiment de l'amour ennobli et spiritualisé ; dans les plus épaisses ténèbres des régions inférieures, Dieu a permis de luire comme une flamme qui permet d'entrevoir les sphères lumineuses du pur amour, quand deux âmes se mêlent, ou quand une âme arrive au sentiment de l'amour pour l'amour, dont Dieu est le terme adoré.

Ainsi l'entraînement de la créature vers la créature ne doit pas procéder uniquement de l'élément sensuel, mais il faut qu'il y ait attrait et fusion des âmes ; parce que l'amour, même terrestre, doit devenir notre premier degré d'ascension vers les régions sereines de l'amour infini.

Une des premières conditions du mariage, c'est donc le mutuel amour.

C'est ainsi que les maris doivent chérir leur

femme comme leur propre corps; celui qui aime sa femme s'aime lui-même

C'est pourquoi l'homme laissera son père et sa mère pour demeurer avec sa femme, et ils ne seront tous deux qu'une seule chair.......

Ce sacrement est grand, et moi je dis que c'est en Jésus-Christ et en l'Eglise.

Que chacun aime donc sa femme comme lui-même, et que la femme craigne son mari.

L'amour dans le mariage : est-il rien qui semble plus naturel, qui découle plus invinciblement des aspirations les plus légitimes ! — et cependant, cette loi si douce, que de fois n'est-elle pas outrageusement violée ?

De là, ces déplorables alliances, fruit d'un appétit déréglé pour l'argent et les autres biens de la terre ; alliances qui réunissent brutalement des enfants et des vieillards, des gens sains et des infirmes, des êtres dont chaque point de contact devient une douloureuse déchirure ; commerce païen, trafic de sa propre chair, puni par des amertumes sans nombre et de tous les instants, qui font de la vie un enfer anticipé.

Et qu'on ne prenne pas pour de l'amour le cri de la chair et l'impulsion des sens.

Car toute chair est comme l'herbe, et toute sa gloire comme la fleur de l'herbe ; l'herbe sèche et sa fleur tombe (S. Paul, ad Cor., I, 24).

L'amour, cette fleur divine, ce rayon de feu émané du ciel pour consoler l'homme dans son abaissement, et le guider vers sa véritable patrie, le ciel — l'amour, *c'est la vie de l'âme.*

Quand deux âmes vivantes se mêlent, s'étreignent pour ne devenir qu'une seule et même âme, la vie circule dans les veines, chaude et féconde ; elle acquiert une intensité inconnue qui illumine d'une nouvelle et radieuse beauté la chair elle-même ; et l'on peut comprendre cette exclamation de saint Paul : *En Dieu l'homme n'est rien sans la femme et la femme n'est rien sans l'homme* (Cor., I, XI, II).

C'est qu'alors s'allume le merveilleux incendie d'amour, la flamme qui dévore et purifie ; et cette pénétrante union de deux âmes qui s'appuient l'une sur l'autre pour traverser la vie et remonter ensemble à leur source, devient l'union vraiment sainte et bénie que Dieu enrichit des plus beaux dons.

Cette magnificence d'une vie nouvelle, la jeune fille la plus ignorante la pressent par une intuition infaillible; elle cherche, sur le front de celui qu'elle doit appeler son époux, un reflet du rayon divin; et, si elle s'est trompée, les passagers enivrements des sens la laissent rêveuse, et le bruit ni les dissipations du monde ne peuvent étouffer le cri de son âme qui soupire après sa véritable vie.

Bien heureuse alors si, tournant ses regards en haut, elle sait trouver dans le cœur de Celui qui est mort par amour pour nous, ce bonheur que lui refuse la terre.

O mariage sans amour, monstrueuse profanation, fastidieux accouplement; l'âme se racornit et se dessèche dans ta froide et terne atmosphère. Le saint enthousiasme, les sentiments nobles et généreux sont étouffés dans leur germe; l'amour du beau, l'amour des hommes, l'amour de la patrie ne font plus vibrer ces cœurs éteints et indifférents.

Pauvre siècle d'argent, siècle de fer! tu t'es laissé séduire par les idoles. Reviens bien vite au sentiment et au culte du vrai beau, du vrai bien, à l'amour ennobli et spiritualisé. Et toi, France, berceau de la chevalerie, ne permets pas que tes fils traînent dans la boue l'éperon d'or de leurs ancêtres !

Mais l'amour n'arrive pas sans une lutte pénible à son état d'idéale perfection. Les penchants impétueux qui agitent et troublent l'homme sont d'une domination toujours difficile. Ils peuvent devenir la source de tels égarements, que l'Eglise a voulu élever à la hauteur d'un sacrement l'union légitime de l'homme et de la femme ; elle l'a revêtue ainsi d'une force et de grâces spéciales.

Ces grâces, cette force surnaturelle sont bien nécessaires pour que la chair soit dirigée dans ses entraînements, soutenue dans ses humiliations et ses défaillances ; pour que les êtres indissolublement unis trouvent dans les joies bénies du mariage un élément d'exaltation de leur âme, et non des fruits de mort ; pour qu'ils supportent aussi les peines inhérentes à cet état, et en remplissent fidèlement les obligations.

Ces obligations, l'Eglise nous les retrace avec sa précision et sa netteté habituelles.

J'ouvre un catéchisme et je lis :

« Dans quelle intention doit-on embrasser l'état de mariage ? »

« Dans l'intention de s'y sanctifier, d'avoir des enfants et de les élever chrétiennement. »

Cette réponse, dans son admirable profondeur, contient tous les préceptes du mariage.

De l'union de l'homme et de la femme doit résulter la sanctification, c'est-à-dire que l'âme doit devenir de plus en plus vivante ; et cette sanctification s'opère par le contact continu de deux âmes imprégnées d'amour.

La seconde fin du mariage que l'Eglise nous enseigne, c'est d'avoir des enfants et de les élever chrétiennement.

Tout être chrétien, résolu à embrasser l'état de mariage, doit donc penser non seulement à lui, à sa propre satisfaction, à son propre bonheur, mais encore à l'avenir et au bonheur des enfants qu'il est en droit d'espérer.

En défendant le mariage entre consanguins, cause certaine de dégénérescence de la race, l'Eglise nous indique combien nous devons, dans ce choix de la compagne de notre vie, avoir sérieusement souci, par prévision, du corps, et de l'âme des enfants qui nous devront le jour.

Si l'on veut bien méditer les rapides considérations que nous avons données sur l'hérédité, on sera à même de résoudre toutes les questions de ce genre qui pourront alors se présenter.

L'examen de l'être physique et moral doit avoir lieu non seulement chez la personne avec laquelle on songe à s'allier, mais encore chez les ascendants. Il est incontestable que la force, la santé et la beauté physique, en un mot que les qualités du corps se transmettent ; et il en est de même de l'intelligence et des qualités de l'âme.

L'empreinte qui va en résulter pour nos enfants, quoique pouvant dans de certaines limites être modifiée par eux, mérite cependant toute notre sollicitude et notre vigilance la plus attentive.

Tel est le mariage chrétien, ennobli par l'abnégation et le constant sacrifice, solidement armé pour supporter les peines et les douleurs inhérentes à notre passage ici-bas, et rendu vraiment *saint*, selon l'expression de saint Paul, par le but élevé qui lui est proposé.

Combien sont différents ces mariages sans foi, et partant sans respect ! La partie grossière de l'homme ne trouvant pas son frein naturel, ne tarde pas à se livrer aux plus déplorables aberrations. Ce sont des outrages qui flétrissent le corps et l'âme, l'égoïsme dans toute sa repoussante laideur, la stérilité volontaire, offense à Dieu.

Quelle race vont produire ces êtres livrés à tous les écarts de leur imagination et de leurs sens, ces prosaïques amasseurs d'argent, qui ne voient dans la vie à deux que le repos et le bien-être, et prennent un iritant désir pour le suprême amour? une race dégénérée, égoïste et stérile comme eux.

Peut-on s'étonner que le corps lui-même fléchisse et se dégrade, quand l'âme n'est pas soulevée ; et, comme conséquence de cet abaissement individuel, la société ne doit-elle pas rouler fatalement à la déchéance et à la ruine !

Avec la limite volontaire imposée au nombre des enfants, dans un but coupable d'entassement matériel et par hideux égoïsme, la patrie tombe; on lui marchande ce sang dont nos pères ont généreusement arrosé le sol transmis, engrais fécond que lui ont prodigué tant de héros illustres ou ignorés.

Et puis, sans l'amour fécondant, sans les mouvements généreux et passionnés de l'âme, sans le viril enthousiasme, sans l'exaltation du sacrifice, tout languit, tout s'étiole.

L'art ne tarde pas à se traîner dans des conceptions fausses et impuissantes.

Le génie, cette force créatrice, n'apparaît plus qu'à de rares intervalles; et la société, oppressée par un incommensurable ennui, dont elle a conscience, mais dont elle ne sait trouver la cause, — la société tout entière se précipite follement à la recherche d'excitations factices et malsaines, les seules possibles à ce sel affadi.

C'est dans l'union de l'homme et de la femme, vivifiée par l'amour et fécondée par le sacrifice, qu'il faut chercher la racine de la force, de la beauté, de la grandeur d'une race et d'une nation. Cette union doit s'appuyer sur le pur sentiment chrétien comme sur un fondement inébranlable, sans quoi elle dévie et ne donne plus que des fruits empoisonnés. Là, comme partout, toute violation des lois de Dieu et de l'Eglise est fatalement punie par l'abaissement et la souffrance.

Une condition bien désirable — mais que les lamentables aberrations de la société moderne et les exigences d'un luxe insensé rendent de plus en plus difficile, — ce serait que les mariages pussent se contracter, le plus habituellement, entre individus jeunes.

Le sang circule chaud et généreux, le cœur est disposé à l'épanouissement et à l'enthousiasme, la vie déborde avec une irrésistible expansion, et le feu qui s'allume alors trouve, dans un amour licite et béni, son légitime aliment.

Une alliance contractée dès la jeunesse permet d'espérer une vie longue et heureuse, et cette nombreuse postérité que tous les peuples ont considérée comme le signe visible de la bénédiction de Dieu. En outre, cette jeunesse éclatante et parfumée, transmise aux enfants avec toute sa sève féconde, constitue des nations jeunes, fécondes, viriles, expansives, enthousiastes et invincibles.

Le mariage dès l'adolescence est aussi, dans bien des cas, le frein le plus naturel et le plus sûr de ces tristes écarts des sens, fléau redoutable, source infaillible d'une précoce dégradation physique et morale.

Quand une robuste éducation chrétienne n'a pas prémuni l'homme, dès son bas-âge, contre les entraînements de ses passions sensuelles, les maux qu'il peut s'infliger volontairement sont incalculables. Que d'êtres se condamnent ainsi aux défaillances d'une vie à jamais débile!

Ne sait-on pas quelle est la punition précise de ces lamentables déviations du corps et de l'âme? la tristesse amère, la perte du courage, le remords sourd et incessant, le dégoût de la vie.... Voilà le résultat de ces flétrissures, qui altèrent la noblesse et la pureté du corps, et torturent l'âme, même quand elle n'en a pas conscience.

Mais détournons nos regards de ce triste tableau, et revenons aux régions de la pure lumière.

Toute âme qui n'est pas pénétrée et embrasée d'amour marche, à coup sûr, vers l'étiolement, la décadence et les ténèbres — avons-nous dit — parce que l'amour est essentiellement la vie de l'âme.

Mais, pour qu'une âme devienne vivante, il n'est pas nécessaire qu'elle passe par la période de l'amour de la créature.

Il est des natures privilégiées qui s'élancent du premier bond jusqu'aux cimes ; leur âme, d'un vigoureux élan, franchit les liens de la terre et les entraves sensuelles pour s'élever jusqu'aux régions de l'amour pur et infini.

Aussi voyons-nous, dans la vie religieuse, le *célibat*, invariablement adopté, comme un des plus solides échelons pour toute ascension à la vie parfaite. Cette généreuse milice de Dieu embrasse, dans l'étreinte d'un amour sans limites, l'humanité tout entière. Ils pressent dans leur bras les pauvres êtres souffrants et délaissés, pour lesquels la vie est sombre et amère; ils mêlent leurs larmes aux leurs, pansent les blessures de leur âme et de leur corps, et font rayonner sur le monde la splendeur d'une inépuisable charité; et la lutte difficile qu'ils engagent contre les impulsions de la chair et le cri du cœur, loin d'affaiblir leur amour, l'exalte en l'épurant.

Est-il rien de plus touchant que cette innombrable phalange de prêtres et de religieux qui, foulant aux pieds les joies même permises, savent puiser dans le cœur de Jésus-Christ les délices d'un amour suprême !

Dans toutes les conditions et pour tous, cette idéale perfection est toujours accessible. Aussi, même dans le monde, le célibat est-il bien supérieur à l'état de mariage, lorsqu'il n'est pas le fruit d'un lâche égoïsme, mais qu'il est volontairement et librement embrassé par élan de l'âme vers la pureté et la perfection.

Bien nombreuses, hélas! sont les âmes délicates et tendres qui, engagées trop légèrement dans quelque prosaïque union, se replient sur elles-mêmes douloureusement blessées. Elles refoulent, en proie à d'inénarrables amertumes, le besoin d'aimer qui les dévore; et que de fois cette flamme concentrée, comprimée dans sa légitime expansion, ne détruit-elle pas son fragile foyer!

« Je sais, dit saint Ambroise, sous le toit domestique plus d'un secret martyre. »

Il est des jeunes filles mieux inspirées, et plus difficiles dans l'engagement définitif de leur avenir, qui préfèrent le célibat à ces unions dont elles prévoient le vide et le danger. Une forte et intelligente direction les a prémunies contre les éblouissements superficiels du monde, et leur a appris à ne pas fonder sur un sable mouvant cet édifice de leur bonheur.

Le célibat dans le monde, librement choisi par irrésistible vocation, ou parce que l'âme n'a pu trouver à satisfaire ses légitimes aspirations; le célibat volontaire et noblement porté s'élève à la hauteur du plus fécond des sacrifices et devient, par là même, digne du respect des hommes et des bénédictions de Dieu.

Les vierges françaises, celles qui n'abritent pas leur vie sous le voile religieux et en conservent le plus méritant honneur dans les conditions habituelles de l'existence, devraient prendre pour patronne Jeanne d'Arc, recevoir d'elle les inspirations généreuses et saintes qui furent l'âme de son héroïsme.

Ces grands cœurs qui, « *par excès d'amour et non par défaut d'amour, par disposition céleste et libre vocation*, » renoncent au mariage, tout en restant dans un monde à peine digne d'eux — ces cœurs vierges seront-ils classés, par un préjugé dédaigneux et absurde, dans la secte des égoïstes et des stériles? La virginité égoïste! la virginité stérile.

Ce n'est pas à ceux qui platement et tristement sont penchés vers la terre et attirés par ses fallacieuses voluptés, qu'est promis ni même intelligible ce *baume de vie*, récompense de la pureté sans tache, qui donne à l'être la sensation de vie dans toute sa délicieuse plénitude.

La force, cette inaltérable source de tout bien, cette substance même de la vie, est sœur et fille de la chasteté: elle grandit et décroît avec elle. A ne s'en tenir qu'au point de vue de la raison humaine, on constaterait le fait et, jusqu'à un certain point, sa facile explication.

Mais, pour s'élever jusqu'à la compréhension

de cette incommensurable force de la chasteté, c'est en Dieu qu'il faut regarder.

A mesure qu'on se rattache à *Celui qui est*, on acquiert comme une participation plus étroite à sa nature spirituelle ; on reçoit comme une lueur de sa souveraine beauté, comme un rayon de sa force infinie.

Et cette force devient notre propriété d'autant plus intime que nous nous dessaisissons de nous-mêmes par transport en Lui.

Glorificate et portate Deum in corpore vestro. (Ad Cor., 1ª VI, 20).

ÉDUCATION DE L'ENFANT

Le père et la mère, se partagent les soins de l'enfant et les labeurs de son éducation.

La femme achève, pour ainsi dire, la formation de l'être qui lui doit le jour, en le nourrissant de sa propre substance, de son lait.

Avec le lait, nourriture vivante, continuent de se transmettre non seulement l'empreinte plastique, mais encore, à un certain degré, l'empreinte morale, le caractère, les instincts.

Aussi il est étrange de voir des mères se soustraire à une telle obligation volontairement et sans raisons graves, et refuser à leur enfant cette seconde vie qu'elles lui doivent.

Voilà donc une mère qui consent à faire circuler dans les veines de son enfant un principe de vie qui n'est pas le sien, des instincts peut-être, qui ne sont pas les siens et dont elle ignore certainement la nature,

Elle va confier cette délicate existence à des mains mercenaires; elle va laisser abreuver ces frêles organes d'un lait qui n'est pas fait pour eux: source d'innombrables maladies dans le présent et dans l'avenir, source possible d'infections impures qui risquent de souiller cet être innocent.

Mais on ne viole jamais impunément une loi naturelle: le mal produit chez l'enfant a son contre-coup certain chez la mère, punition infaillible de tout devoir éludé. . . .

Quant aux enfants privés de l'allaitement maternel, de lugubres statistiques sont venues récemment dévoiler l'épouvantable étendue du mal, qui prend les proportions d'une calamité publique, puisque la mortalité qui en résulte suffit pour arrêter l'accroissement d'une nation.

Outre son lait, la femme doit à l'enfant l'éducation tendre et forte qui s'adapte si bien à ces jeunes êtres, au moment où ils s'éveillent à la vie. . . . .

A la mère revient l'imprescriptible devoir de former le cœur de ses enfants, d'ouvrir leur âme à Dieu, et de préparer leur contact avec le monde en les revêtant de cette incomparable armure que sait forger la main d'une femme.

Les grandes et belles natures qui ont inscrit en lettres d'or leur passage ici-bas, ont presque toutes dû à l'éducation maternelle, à l'impulsion d'une mère qu'ils adoraient et vénéraient, le développement complet de leurs riches facultés et l'essor de leur génie.

Rien, sur la terre, n'est fécond comme la douleur. La femme enfante son fils dans la douleur; l'empreinte que lui laisse toute sa personnalité, corps et âme, ne sera-t-elle pas doublement profonde!

Qu'elle l'élève aussi dans les incessants labeurs de l'amour, si elle veut former une âme vivante, un être pénétré de la noblesse de sa destinée et où la sublime image de Dieu ne se ternisse jamais.

Pour toute création, il n'est qu'une chose efficace, sur la terre comme au ciel: c'est l'amour.

Qui mesurera la différence qui existe entre deux natures, deux enfants : l'un couvé sous l'aile d'une mère qui le voyait, le conduisait, le protégeait sans cesse; et l'autre abandonné à une direction sans clairvoyance, sans tendresse, sans âme!

Le premier pourra subir toutes les rudesses et toutes les amertumes de la vie, sans se replier sur lui-même, dans le mortel égoïsme qui éteint l'existence, et ne fait plus de sa proie qu'un vil tronc desséché, dépouillé de verdure et de sève.

Le cœur de cet enfant, épanoui sous la brise heureuse des premières années,, en conserve la chaude impression. Son front pliera peut-être sous les peines et les chagrins; mais il a comme un réservoir de bonheur qui est plus que souvenir.... un prolongement de l'âme de sa mère, qui soulève la sienne et la tient ouverte aux immortelles influences d'en haut.

Mais celui qui n'a pas connu sa mère, ou qui n'avait pas une vraie mère! tout, pour lui, s'obscurcit en teintes effacées: le ciel n'a plus la même transparence ni la même sérénité; le froid de ce monde le saisit, l'atrophie, le paralyse, s'il ne le tue pas. Ses yeux n'ont pas été baignés dans cette douce lumière maternelle, où la vie se replonge comme dans son foyer; il ne s'est pas réchauffé sur ce cœur dont le mouvement ne peut se ralentir,

Quelle est la mère qui a pu voir entre ses bras et déposée par Dieu lui-même, cette frêle et innocente créature, sans éprouver, malgré toutes ses peines, ou plutôt par ses souffrances mêmes, le plus enivrant bonheur que la main de Dieu puisse nous verser! Cet enfant destiné à un si merveilleux avenir qu'on a pu l'appeler un dieu en germe, quelle mère ne l'enveloppe pas de toutes ses facultés, de tout son cœur!

Le rôle du père n'est pas moins élevé dans l'éducation de l'enfant. Il développe chez lui, par son exemple et ses enseignements, les sentiments mâles et nobles, l'honneur, le courage, l'amour de Dieu, l'amour des hommes et de la patrie. Il lui apprend à se vaincre lui-même, et travaille sans relâche à lui donner la force du corps et l'énergie de l'âme.

Par cette fusion intime de deux impulsions concourant au même but, se formeront de solides et inébranlables chrétiens, initiés à toute l'idéale grandeur de la religion d'amour, et rompus aux salutaires pratiques de l'Eglise, sans lesquelles les meilleures aspirations restent impuissantes et stériles.

La mère, surtout, plus en contact avec l'enfant, est appelée à veiller à la conservation de ces habitudes d'où dépend tout l'avenir. Si elle sait, par un dévouement de toutes les heures, maintenir cette tâche à sa hauteur : si elle parvient à faire irradier la beauté toujours croissante de sa propre vie sur l'âme si élastique et si facilement impressionnable de son enfant, alors elle mérite vraiment cette parole de l'Esprit-Saint, le plus étonnant éloge que la femme ait reçu jamais, et qui fait pâlir tout ce que les langues humaines lui ont décerné de louanges :

La mère de famille s'est levée dans sa force ; elle est comme le soleil à l'Orient, s'élevant dans les hauteurs de Dieu.

Les lois de Dieu sont dans le cœur de la femme sainte et pure comme des colonnes d'or fondées sur le granit.

Viennent les douloureux orages et les années d'effervescence ; un jour renaîtra où le fils de ses larmes entendra l'invisible mais tout-puissant appel d'une prière toujours exaucée. Embrassant de nouveau ces colonnes d'or qui abritèrent son enfance, il y rattachera une vie reconquise à l'honneur et à Dieu.

Ces colonnes soutiennent le temple de la famille où, depuis le christianisme, Dieu a fondé ce droit d'asile inviolable, dont la touchante coutume des temps antiques n'était qu'une figure. Jamais Dieu ne condamnera le prodigue qui est revenu étreindre l'autel sacré.

LA FAMILLE

Le mariage chrétien, par la constitution de la famille qui repose sur lui, devient l'une des conditions les plus assurées du bonheur et de la prospérité individuelles, comme aussi de la force, de la stabilité et de la gloire de la patrie.

Le sang se conserve pur; et, avec lui, se transmettent les saines traditions qui sont l'honneur d'un peuple. Les enfants, religieusement soumis à leur chef naturel, le père, apprennent tout naturellement le respect de l'autorité, la soumission aux lois, la vénération du souverain.

Malheureusement, chez nous, d'étranges et maladives aberrations sont venues troubler les esprits, égarer les consciences, et l'application insensée des principes de 89 a produit la ruine morale et matérielle de la famille, cette institution divine à laquelle on ne peut toucher sans ébranler une nation jusque dans ses fondements les plus intimes.

La famille a été détruite moralement, parce que le principe d'autorité a été sapé par la base;

parce que l'idée d'une égalité impossible et contre nature s'est substituée aux antiques croyances, et a fait oublier les lois fondamentales établies par Dieu lui-même.

La famille a été détruite matériellement par l'abolition du droit d'aînesse et la division forcée du patrimoine en parts égales entre les enfants. Un tel régime a produit fatalement et à bref délai, la destruction du foyer et l'irrémédiable dispersion des enfants.

Autrefois, l'aîné des enfants mâles, héritier naturel, devenait, à la mort du père, le chef de la famille. Il devait conserver intact le patrimoine et le transmettre comme un dépôt sacré.

Mais les avantages considérables, faits à l'aîné, n'étaient pas sans de sérieuses compensations. En prenant la place du père, il continuait sa mission protectrice, et devenait chargé de prêter aide et assistance aux autres enfants. Les cadets, pour lesquels la vie se faisait trop rude ou trop difficile, étaient assurés de trouver toujours debout le foyer qui les avait vus naître, et ils pouvaient, dans les mauvais jours, venir y chercher un asile.

En outre, si l'on examine les dispositions testamentaires des chefs de famille à cette époque, on voit qu'ils s'efforçaient d'assurer, dans une certaine mesure, le sort de tous leurs enfants. Ils veillaient à leur éducation, les faisaient participer à leurs économies, et leur donnaient, la plupart du temps, sinon la possession, au moins la jouissance de quelques parcelles de leur bien.

Lorsque le père s'est trouvé, de par la loi, dans l'impossibilité de disposer de son bien au profit de l'un de ses enfants, le patrimoine n'a pu résister à des partages incessants, à des morcellements indéfinis. Le foyer lui-même n'a pas tardé à être détruit, et les membres de la famille, n'ayant plus de liens matériels, se sont dispersés à tous les vents.

Et cependant cette constitution, cette conservation de la famille, appuyée sur la transmission héréditaire et intégrale du patrimoine, sont des sentiments tellement inhérents aux fibres les plus intimes du cœur, que l'on voit aujourd'hui, et en grand nombre malheureusement, des pères de famille, des hommes de campagne surtout, éluder, au prix des plus grands sacrifices, l'exigence de la loi qui, au nom d'une égalité mal comprise, impose le partage du bien entre tous les enfants.

Ils ne craignent pas de stériliser volontairement leur race, la réduisant à un seul rejeton, afin d'éviter la dispersion du bien de la famille.

Ce monstrueux compromis se retrouve précisément dans les provinces les plus riches, les plus fertiles, où la population, malgré les meilleures conditions de bien-être physique, cesse de s'accroître, immobilisée par une lutte dont souffre cruellement le pays.

C'est ainsi que la famille tend chaque jour à s'amoindrir et à disparaître, démolie par des idéés et des institutions qu'on peut regarder comme l'effort le plus immense et le mieux réussi qu'ait jamais tenté l'esprit du mal, pour consommer la ruine de la France chrétienne, et détruire ainsi l'œuvre du fils de Dieu.

Les conséquences d'un tel état de choses sont désastreuses dans l'ordre moral et dans l'ordre matériel.

Dans l'ordre moral, le genre de vie de plus en plus individualisé nous à conduits, par une pente fatale, à l'égoïsme à outrance, cette plaie que nous retrouvons à chaque pas comme le hideux stigmate de notre époque.

A mesure qne s'efface la forte et salutaire empreinte de la vie de famille chacun apprend à ne penser qu'à soi, à ne vivre que pour soi. Le fils est l'égal du père, qu'il tutoie comme un camarade ; les enfants s'arrachent les lambeaux du patrimoine, l'avidité du partage étouffe jusqu'à la voix du sang. Bientôt disparaissent dans ce triste naufrage les idées de dévouement et de patriotisme, et la patrie, elle aussi, frappée au cœur, tombe comme la famille.

Dans l'ordre matériel, le mal n'est pas moins grand. Le morcellement indéfini du sol est devenu la cause de la destruction inconsidérée des forêts.

Colbert a dit que la France périrait faute de bois. Certes, il ne pouvait prévoir un gaspillage si immédiat et si général.

On ne remplace pas ces géants séculaires, dont l'accroissement est trop lent pour une génération avide de jouissances faciles ; et, d'ailleurs, pourquoi planter quand on n'est pas assuré de pouvoir transmettre le fruit de son labeur à ses petits-enfants et arrière petits-enfants !

Le sol est devenu chauve, pelé, comme desséché par une précoce vieillesse, et cependant les arbres ont, dans l'ordre providentiel, un rôle absolument nécessaire. D'abord ce sont vraiment les poumons de la terre; ils purifient et assainissent l'air que nous respirons; puis les forêts sont le frein naturel de ces terribles inondations devenues de nos jours, si fréquentes et comme périodiques.

En outre, la destruction des arbres, celle des halliers, — conséquence du morcellement indéfini, — amène nécessairement la destruction de ces hôtes charmants des bocages, qui eux aussi, ont une mission importante à remplir. Dans un temps rapproché, les oiseaux n'existeront plus que comme souvenir. Et cependant ils dévorent des légions infinies d'insectes parasites, malfaisants aux végétaux, dont ils deviennent ainsi la précieuse sauvegarde.

Ces parasites n'étant plus détruits, pullulent avec une fécondité inouïe. Les végétaux sont atteints de maladies, inconnues autrefois, contre lesquelles les moyens qu'emploie la science son- impuissants et resteront impuissants, parce qu'ont ne peut toucher impunément à l'un des rouages de l'œuvre de Dieu. Les animaux et les hommes sont atteints, à leur tour, par ces germes morbides qu'ils ont puisés, selon toute apparence dans les végétaux malades. On dit que le niveau de la vie moyenne s'est élevé. Il suffit cependant d'une observation bien superficielle pour affirmer que nous sommes moins robustes que nos pères, que nous vivons moins longtemps qu'eux, et que nous sommes affligés de plus de maux.

Si j'osais paraphraser le mot de Colbert, je serais tenté de dire que la France, et bientôt l'Europe, est en train de périr de phthisie.

Je ne puis ici que tracer à grands traits une rapide esquisse. Il est certain que l'ébranlement causé dans la famille par la Révolution française a eu des conséquences tellement funestes qu'on n'ose vraiment sonder la profondeur de l'abîme.

Existe-t-il un remède à ce mal immense? évidemment le premier de tous serait la reconstitution de la famille sur ses véritables bases, et le retour à des institutions fondées, non sur des utopies humaines, mais sur la loi de Dieu et les enseignements de l'Eglise.

Mais un fleuve a-t-il jamais remonté son cours, et ne nous précipitons-nous pas, avec le plus fol aveuglement, à une perte que rien ne pourra conjurer?

LA NOURRITURE

L'acte qui préside à la conservation de l'individu, l'alimentation peut devenir une source féconde d'afflictions corporelles, et un obstacle certain au libre épanouissement de l'âme, si nous ne sommes dirigés par des règles fermes et précises qu'il importe de connaître.

A un point de vue général, il est certain que la santé et la vigueur du corps exigent une alimentation abondante et substantielle. L'enfant surtout, et le jeune homme, ont besoin d'être largement et solidement nourris, pour qu'ils puissent atteindre la plénitude de leur développement physique.

On n'a que trop souvent l'occasion d'observer les effets désastreux d'une nourriture habituellement mauvaise et insuffisante, dans cette classe nombreuse d'êtres que le manque du nécessaire étiole et atrophie; tableau lamentable qui démontre surabondamment l'inanité des prétentions de la civilisation moderne, et son impuissance à donner à tous le bien-être même matériel.

Plus l'individu est jeune, et plus le manque d'une alimentation convenablement réparatrice est nuisible.

Chez l'homme fait, la nourriture doit être d'autant plus énergique que le genre de travail est plus pénible.

Une alimention riche et solide conserve et augmente la beauté et la vigueur des races ; on les voit dégénérer peu à peu et s'amoindrir dans les classes dévorées par la misére, et aussi dans les pays où la production est insuffisante, — lorsque l'industrie et l'échange ne parviennent pas à compenser la stérilité du sol.

Le vin, ce sang généreux que nous donne la terre, devient pour les populations une source certaine d'énergie et de résistance vitale. Aussi la France, pays unique au monde pour la production du vin, est-elle remarquable par la gaiété, l'expansion, le courage et la presque inépuisable vitalité de sa race.

Les ordres religieux, mêmes les plus sévères, qui proscrivent souvent toute nourriture animale et réduisent la quantité d'aliments au plus strict nécessaire, permettent tous l'usage modéré du vin, cette noble liqueur que le Sauveur a choisie, avec le pain, pour la transsubstantiation de son précieux sang.

Mais si, en fait d'alimentation, l'insuffisance est nuisible, la satisfaction désordonnée des appétits a des inconvénients non moins funestes, quoique d'une autre nature.

Dès que le corps a acquis son entier développement, il n'exige plus, pour la conservation intégrale de sa vigueur et de son énergie, qu'une quantité de nourriture variable selon les climats, les races, les individus, le genre de vie actif ou sédentaire; — et, si cette quantité de nourriture est habituellement dépassée, alors commence l'abus, l'excès et toutes ses conséquences: c'est-à-dire la détoriation physique et morale.

L'homme chargé de nourriture devient paresseux et pesant; le corps perd, avec la beauté de ses lignes, une partie de son activité et de son énergie; ce n'est plus sa nourriture qui le porte: c'est lui qui est condamné à traîner le fardeau du trop de nourriture, punition certaine de toute lâche complaisance aux appétits de la chair.

L'alanguissement et la paresse de l'esprit ne tardent pas à suivre l'alanguissement et la paresse du corps.

Avec l'intempérance reparaissent plus violentes, plus indomptables les passions brutales, qui s'imposent en maîtresses et laissent, sur le visage lui-même, leur triste empreinte.

Dans toutes ces questions la médecine a multiplié ses renseignements. Mais, là encore, l'Eglise, avec une merveilleuse sagesse, a posé des règles qui attestent la connaissance la plus approfondie de la double nature de l'homme.

Elle a flétri la gourmandise, dont elle a fait un péché capital.

Elle a veillé avec sollicitude à la bonne harmonie du corps, en fixant des époques régulières et précises où la nourriture animale doit être supprimée, et où le jeûne devient de toute rigueur.

Ces prescriptions sauvegardent certainement la santé; mais elles ont encore un autre but plus élevé: celui de tempérer et d'adoucir les vivaces instincts de la chair, et d'aider l'âme à se dégager du poids de ce corps corruptible. *Corporali jejunio vitia comprimis, mentem elevas.*

C'est que l'homme n'est pas seulement matière. Il doit étouffer quelquefois, avec une sage discrétion, le cri des organes, et affamer le corps pour exalter l'esprit.

Ici, nous nous trouvons en présence de faits étranges : c'est l'étonnante direction imprimée à ceux qui veulent embrasser la vie religieuse dans toute sa perfection ; c'est le système incroyable de macérations qu'ont adopté et rigoureusement suivi tous les saints.

Il est hors de doute que l'appesantissement du corps par une nourriture excessive est un des plus sérieux obstacles à l'essor de l'âme.

Plus le corps a de vigueur, disaient les ascètes, et plus l'âme se dessèche ; au contraire, plus le corps se dessèche et plus l'âme prend de force et de vigueur.

Aussi la plupart des ordres religieux adoptent-ils, comme règle fondamentale, une restriction dans la nourriture qui, au premier abord, peut paraître excessive. Quelques-uns d'entre eux proscrivent absolument toute nourriture animale, et ne font même, à certaines époques de l'année, qu'un seul repas par jour; tous se livrent à des jeûnes rigoureux. — Qui prétendrait que leur vie est diminuée dans son énergie, abrégée dans sa durée par ces austères pratiques?

Les Trappistes, par exemple, se soumettent à des travaux physiques aussi rudes, aussi prolongés que ceux de l'ouvrier le plus actif; et cependant leur santé est aussi robuste, leur longévité aussi grande que celles des personnes vivant dans le monde et de la vie du monde.

C'est que le corps ne puise pas exclusivement dans l'aliment matériel les principes de la vie, *L'homme ne vit pas seulement de pain*. La vie peut encore puiser de véritables aliments à des sources plus subtiles et plus élevées.

Les innombrables élus de Dieu qui ont parcouru, sur cette terre, la voie ardue de la sainteté, sont arrivés à réduire l'alimentation corporelle à des proportions qui effrayent et dépassent l'imagination; et de tels faits sont tout à fait incompréhensibles pour qui ne connaît pas la merveilleuse puissance de l'esprit.

Alors l'âme, devenue le foyer d'une chaleur et

d'une force dont l'essence est toute divine, soumet et assouplit, dans une certaine mesure, son enveloppe mortelle, brisant, dans une de ses plus impérieuses exigences, l'esclavage de la chair.

Plus l'homme vit de la vie matérielle et plus il lui faut, pour soutenir ses forces, une alimentation matériellement réparatrice.

Au contraire, plus il développe en lui la vie spirituelle, et plus il arrive à dompter les facultés corporelles.

Il s'ensuit que tout homme qui aspire sérieusement à la vie spirituelle doit, avant tout, régler et diminuer convenablement sa nourriture, se soumettre à des abstinences et à des jeûnes de plus en plus sévères. Sans cette première condition, ses efforts demeureront en partie stériles.

Tous les maîtres de la vie spirituelle considèrent le trop d'abondance du boire et du manger comme un des plus sérieux obstacles à la perfection. Les fondateurs d'ordres religieux réglent minutieusement la quantité et la qualité de la nourriture, et augmentent peu à peu la rigueur des jeûnes prescrits par l'église,

Mais, dans toute macération, une sage *discré-*

tion est imposée, comme une règle stricte, par les maîtres même les plus sévères de la vie ascétique.

Saint Philippe de Néri, qui ne faisait habituellement qu'un seul repas par jour, et ne mangeait presque jamais de viande, disait à ses Oratoriens:

« Donnez plutôt un peu plus qu'un peu moins à l'alimentation: je crois qu'ainsi le veut la prudence. Quand vous aurez ruiné les forces de votre corps, vous ne serez plus bons à rien..... Alors le bien ne se fait plus, et trop souvent un relâchement pitoyable vient remplacer une abstinence excessive; en sorte que, pour avoir voulu trop vivre pour l'esprit, on finit par ne plus vivre que pour la chair. Si vous excédez un peu dans la nourriture, vous serez toujours maître de la diminuer; mais, si vous brisez votre santé, quel sera le remède? »

Ainsi il est, en toute limite volontairement imposée aux exigences de la chair, une juste mesure dont il n'est pas permis de s'écarter. Il faut, selon la parole de l'apôtre saint Paul, *être sage avec sobriété*. Au souffle d'une religion de lumière et de force, le corps peut d'ailleurs être plus spiritualisé que matérialisé par les impressions mêmes;

il peut, tout pénétré d'âme, participer à la sainteté de son hôte divin sans être physiquement terrassé.

A ce point de vue de la vie ascétique, s'adaptant merveilleusement aux conditions les plus simples de la vie commune, la nourriture, prise en actions de grâces, éveille plutôt en nous l'impression de Dieu agissant sur le corps qu'elle ne nous arrête à la sensation prise isolément.

Aussi a-t-on pu dire, avec une justesse profonde, que la sensation dans l'âme très-pure rapproche de Dieu ; dans l'âme moins pure, elle en éloigne.

Sive ergo manducatis, sive bibitis,... omnia in gloriam Dei facite (I ad Cor., x, 31*)*.

Dans cette voie, simple mais vivante et pleine de bonheur, qui va de *tout* à Dieu, la manière de vivre se rapproche davantage de celle de Notre-Seigneur, quand il a voulu habiter au milieu de nous, et de la conduite de ses apôtres, que de celle des saints illustres par leurs austérités et leurs macérations.

La sobriété, source de santé pour le corps, principe d'exaltation pour l'âme, imprime à la vie un caractère de dignité et de noblesse ; elle est l'apanage des âmes viriles et habituées à se vaincre.

L'intempérant est esclave ou apte à le devenir ; l'homme sobre est libre par réduction de ses besoins.

Dieu lui-même n'a-t-il pas prononcé le plus magnifique éloge de la sobriété, quand il a choisi trois cents hommes sur dix mille pour délivrer Israël, parce qu'ils s'étaient montrés sobres et dignes !

Lorsqu'Israël est opprimé par les Madianites, les Amalécites et l'innombrable multitude des peuples d'Orient, Gédéon, avec l'aide de Dieu, entreprend de délivrer Israël.

Il lui faut des *hommes* pour combattre; comment les choisira-t-il ?

Que celui qui craint et qui est timide s'en retourne.... et vingt-deux mille se retirèrent.

Il lui reste dix mille combattants et le Seigneur dit à Gédéon: le peuple est encore trop nombreux; mène-les près de l'eau, et je les éprouverai.

Et lorsque le peuple, desséché par la soif, fut venu au lieu où il y avait de l'eau, les uns se jetèrent à plat ventre, buvant avec avidité; les autres se contentèrent de puiser un peu d'eau dans le creux de leur main.

Et le Seigneur dit à Gédéon: c'est par ces trois cents hommes qui ont puisé de l'eau sans plier le genou, que je vous délivrerai et que je ferai tomber Madian entre vos mains; que le reste du peuple retourne dans ses foyers.

LE TRAVAIL

Une des premières paroles que Dieu prononça, en chassant Adam du paradis terrestre, a été sa condamnation et celle de sa race à la dure loi du travail.

La terre est maudite dans ton œuvre, et tu ne mangeras de ses fruits, durant tous les jours de ta vie, qu'avec un grand travail.

Elle ne produira pour toi que des épines et des chardons, et tu te nourriras de l'herbe de la terre.

Tu mangeras ton pain à la sueur de ton front, jusqu'à ce que tu retournes à la terre d'où tu as été tiré.

Depuis ce terrible châtiment, l'homme n'a cessé d'arroser cette terre aride de sa sueur et de ses larmes. c'est au prix d'un immense labeur qu'il dispute aux épines et aux chardons cette herbe qui doit le nourrir. Mais Dieu, dans son adorable complaisance, a voulu adoucir la peine infligée:

il a permis que le travail ingrat, pénible et incessant auquel l'homme est condamné, fût récompensé par une inaltérable satisfaction, résultant de l'acte même de ce travail.

Il y a un travail physique: travail de la terre, de la sueur, de la matière.

Il y a un travail de l'intelligence, qui donne au travail physique les moyens de dompter et d'embellir la matière, qui trouve les lois du monde physique et moral, reconstitue les siècles passés et fait servir leur histoire à l'enseignement des peuples à venir; qui s'élève enfin jusqu'à l'intuition du vrai beau et le fixe dans d'imperissables conceptions destinées à l'exaltation du genre humain.

Enfin il est un troisième genre de travail, le plus dur, le plus pénible, mais aussi le plus grand, le plus récompensé de tous; travail que l'homme accomplit sur lui-même, dont il est l'artisan et le sujet; travail qui a pour but de dominer les affections corporelles, de dégager l'âme des sollicitations et des pesantes entraves de la chair, de la pénétrer d'amour et de la rendre vivante; travail qu'ont accompli les ascètes et les saints; — dont l'influence directe est une glorieuse fécondation du genre humain, et la récompense, l'immortelle couronne des bienheureux.

Ager autem est mundus. Ce monde est un immense champ de travail, où chaque homme est appelé à donner son fruit, dans la limite de sa vocation et de ses aptitudes.

Tout homme qui prétend se soustraire à cette loi du travail, si dure en apparence, si douce en réalité, devient un être égoïste et stérile, et par là même inévitablement malheureux; parce que toute violation de la loi de Dieu reçoit, même en ce monde, sa punition infaillible.

Le plus riche comme le plus indigent, le plus pauvre d'esprit comme l'être le plus largement pourvu des dons de l'intelligence, tous doivent à la terre et aux enfants de la terre le travail de leur corps ou de leur esprit.

Tous doivent défricher les ronces matérielles, ou celles qui envahissent leur intelligence et leur âme; tous doivent sanctifier leur vie par un pénible labeur, condamnation divine qu'il faut subir sous peine de déchéance immédiate.

Courageusement accepté, le travail élève l'homme, le pénètre d'une sensation de joie continue et sereine, douce récompense du devoir accompli, source la plus pure du bonheur ici-bas.

L'oisiveté a été justement comparée à une rouille qui ne tarde pas à ronger et détruire les plus riches natures.

L'homme naturellement enclin à la paresse et au repos, est plus disposé à pécher par excès d'oisiveté que par excès de travail.

Et cependant, par imperfection ou vice de l'état social, ou par déplorable avidité, l'exagération du travail peut prendre des proportions telles que la dégradation physique et morale de l'homme en soit la conséquence.

Car il est bien certain qu'un travail excessif énerve, épuise et finit par détruire le corps et l'intelligence.

Aussi voit-on, des les premiers âges du monde au moins chez le peuple de Dieu, un jour consacré régulièrement au Seigneur, et par là au repos du corps et à la culture de l'âme.

Ainsi sont protégés les faibles et les petits, ceux qu'écrase la misère et pour lesquels le joug de l'homme est pesant.

L'hygiène du corps exige ce repos qui conserve

la provision des forces physiques, rafraîchit et repose le corps et l'esprit.

Mais l'âme, oppressée par le poids et les soucis de la vie matérielle, a besoin, bien plus encore, de ce soulagement, qui lui permette de se dégager momentanément de la dure servitude de ce monde, et de faire monter jusqu'à Dieu le cri de sa souffrance et de ses aspirations.

Alors, retrempé par ce repos béni, l'homme reprend avec sérénité le pesant fardeau du travail quotidien ; il a levé les yeux en haut, et il sait que sa peine et ses sueurs lui seront comptées.

Un travail physique exagéré et trop continu peut produire un fâcheux épuisement ; mais, accompli dans sa véritable mesure, il est, dans l'ordre providentiel, absolument nécessaire à l'homme, qui y trouve la force du corps et le rafraîchissement de l'intelligence.

Les races acquièrent une constitution et une empreinte physique bien distinctes, selon qu'elles se livrent, ou non, aux travaux du corps.

Qui n'a instinctivement comparé l'homme de campagne et l'homme de ville, l'homme de bureau et le marin ou le soldat ?

Combien les enfants issus de parents adonnés au travail exclusif de l'intelligence sont souvent chétifs et débiles, si on les compare à ceux dont les parents mènent une vie rude, en plair air !

Rien de plus pernicieux que la vie sédentaire lorsque des exercices corporels, intelligemment pratiqués, ne viennent pas en combattre la délétère influence.

Les hommes de ville, de bureau, de cabinet, ne tardent pas à voir diminuer en eux et en leur race, la résistance vitale ; ils perdent bientôt cette mâle beauté qui résulte de la possession et du sentiment de la force physique.

A mesure que leur corps s'amollit, que s'altèrent la vigueur et la souplesse de leurs membres, ils perdent aussi ce calme et cette sérénité, attributs virils de la force : et ils ne se condamnent que trop souvent à une existence fiévreuse et tourmentée, par surexcitation maladive du système nerveux.

La langueur, des infirmités penibles, une vieillesse précoce et la mort avant l'âge, tel est le résultat final d'un genre de vie factice et contre nature.

Si le défaut de travail corporel amène la décadence physique, l'intelligence elle-même peut s'étioler par effet parallèle. Je ne parle pas évidemment de ces cas où l'âme, dédaignant son enveloppe mortelle, l'a vaincue et brisée pour hâter son radieux essor.

Mais, dans une race physiquement dégénérée, les produits intellectuels ont aussi je ne sais quoi d'éfféminé et de morbide : et il faut, de temps en temps, que de rudes athlètes sortis du sein du peuple, viennent ranimer par leurs vigoureuses conceptions, la virilité abâtardie de ces ouvriers de la pensée.

Le travail physique est non seulement utile au libre développement du corps et de l'intelligence : il est encore très favorable à la culture de l'âme.

Nous voyons les ordres religieux, qui sont évidemment placées dans les conditions les meilleures pour la recherche de la vie parfaite, se livrer à des travaux du corps et de l'intelligence sagement équilibrés.

Saint Benoît ne veut pas que ses religieux se bornent au travail intérieur, à l'action de l'âme sur elle-même : il leur fait une obligation stricte du travail extérieur, manuel et littéraire.

Pour lui, l'oisiveté est le plus grand ennemi de l'âme ; il règle minutieusement l'emploi de la journée selon les saisons, et donne sept heures par jour au travail des mains, deux heures à la lecture et le reste à la prière.

« Ils ne seront véritablement moines, » dit-il, « que s'ils vivent du travail de leurs mains. »

Sainte Basile, dans sa fameuse règle, ne veut pas que le jeûne même puisse être un obstacle au travail. « Si le jeûne vous interdit le labeur, il vaut mieux manger, comme des ouvriers du Christ que vous êtes. »

Le travail des mains s'allie d'ailleurs admirablement avec les aspirations les plus sérieuses à la vie parfaite.

Ces *pauvres d'esprit*, que Notre-Seigneur appelle heureux et auxquels il a promis son royaume, peuvent trouver dans le travail le plus vulgaire et le plus infime des moyens assurés de sanctification.

Lorsqu'aux premiers siècles de l'Eglise, une

impulsion merveilleuse entraîna, dans les déserts d'Orient, des milliers d'hommes enivrés de la folie de la croix et avides de pratiquer dans toute sa délicieuse rigueur la vie cénobitique et solitaire, leurs guides spirituels ne leur permettaient pas de vivre dans la contemplation exclusive; le travail devait remplir des heures rigoureusement fixées : ils remuaient la terre, tressaient des nattes et des corbeilles, comme les esclaves et les derniers des prolétaires.

Et non seulement ils relevaient ainsi le travail humble et servile, mais encore ils enseignaient pratiquement cette grande vérité : que la vie spirituelle, accessible à tous, ne nécessite pas absolument le travail de l'intelligence, et que même le travail des mains, lorsqu'il est modéré, captive et absorbe moins que le travail exclusif de l'esprit, et laisse à l'âme une liberté très favorable à son essor.

Quand le Fils de Dieu est venu habiter parmi les hommes, il n'a pas choisi la demeure d'un scribe ni d'un savant, mais celle d'un humble charpentier.

Labores manuum tuarum quia manducabis : beatus s et bene tibi erit (*Psalm.* CXXVII, 2).

LA VILLE ET LA CAMPAGNE

Je viens de faire ressortir quelques-uns des fruits du travail manuel: il est plus favorable peut-être à la culture de l'âme que le pur travail de l'intelligence. Il a encore d'autres avantages, moins élevés mais bien précieux cependant: il favorise la pureté et fait aimer la vie des champs.

Tout le monde sait quelle impulsion désordonnée entraîne les masses dans les grandes villes. On quitte la campagne. Les uns sont attirés par des salaires en apparence plus rémunérateurs, un gain plus facile; d'autres, possédant un petit pécule, veulent tenter de l'accroître rapidement dans quelque industrie. Tous veulent se soustraire au rude travail des champs, et rêvent au sein de la ville une existence qu'ils jugent plus douce et plus heureuse.

Et puis il y a le mirage de plaisirs inconnus,

l'excitation grossière des appétits sensuels, l'attrait de la toilette et d'un certain luxe, et tant d'autres sollicitations devant lesquelles succombent bien vite certaines natures.

Quel est le résultat de cette immigration?

On peut affirmer que les grandes villes sont comme un vaste tombeau, où viennent s'engloutir chaque année des milliers d'existences, où périssent misérablement chaque année des milliers d'êtres qui eussent pu vivre heureux et bien portants dans leur village.

Interrogez les économistes; ils vous diront que la dépopulation des grandes villes serait accomplie dans un laps de temps assez court, si l'infusion d'un sang nouveau ne venait à chaque instant rajeunir les constitutions affaiblies et viciées; si une nouvelle couche, issue des campagnes et des petites villes, ne venait incessamment combler le vide effrayant que fait la mort.

Interrogez les médecins et les sœurs de charité: ils vous raconteront de lamentables histoires. Il suffit souvent de quelques années passées dans l'air malsain des villes pour affaiblir et ruiner les plus belles natures. La détérioration est d'autant plus certaine et plus rapide, qu'il y a suppression plus complète du travail manuel et occupations plus sédentaires; et enfin la misère vient hâter, dans des proportions inouïes, cette œuvre épouvantable de destruction: la misère, cent fois plus hideuse et plus repoussante à la ville qu'à la campagne.

C'est alors qu'on voit la phthisie, ce mysterieux fléau, et tant d'autres maladies opérer d'incalculables ravages.

Beaucoup de ces malheureux, meurtris dans la lutte, essayent de retourner au village; ils veulent aller respirer cet air natal dont ils comprennent enfin toute la bienfaisante influence. Mais il n'est plus temps; leurs membres ont perdu l'habitude du travail de la terre, et la campagne les repousse comme des êtres inutiles.

Cependant on rencontre dans les villes quelques natures qui conservent l'intégrité de leur vigueur: ce sont des individus qui se livrent à des professions exigeant des efforts musculaires énergiques et continus. Il y a toujours dans les violents exercices du corps, une source de force et de santé qui est ici bien mise en lumière.

Enfin la classe aisée et riche, par des séjours

temporaires à la campagne, par toutes les recherches du bien être, et surtout pour une sage culture du corps, peut lutter contre toutes ces pernicieuses influences; mais cependant elle est loin d'être épargnée.

Le mal est grand, et il depasse, à coup sûr, toutes les appréciations qui en ont été faites.

Dans l'ordre moral, le tableau est encore plus sombre.

La dépravation de l'individu s'opère sur une vaste échelle, par le contact journalier des jouissances matérielles les plus malsaines, et la plus tendre enfance n'est pas épargnée.

La famille est impitoyablement détruite. Dans la classe si nombreuse de l'artisan, du prolétaire, la journée de travail de la femme est strictement indispensable à la subsistance quotidienne; son gain ne peut être supprimé, et elle n'a littérallement pas le temps d'être mère.

Presque immédiatement après sa naissance, l'enfant est, chaque jour, séparé pendant de longues heures du sein qui l'allaite; il est recueilli par la *crèche*, pendant que la mère travaille.

Plus tard, il passe la majeure partie de la

journée dans la *salle d'asile*, toujours loin de la famille...

La sœur de charité est obligée de se substituer à la mère; et, si l'on admire le dévoument sans bornes de ces saintes filles, on gémit néanmoins en voyant que pour l'enfant le foyer n'existe plus. Le voilà, dès sa naissance, lancé dans le monde sans l'incomparable main d'une mère pour écarter de lui tous les frottements et tous les chocs.

Puis vient l'apprentissage ou la fabrique, où l'enfant entre très-jeune et trouve mille causes de démoralisation.

Dans une classe un peu plus élevée, mêmes aberrations.

Il n'est pas un commerçant, ayant magasin sur rue, qui ne se croie dans l'obligation rigoureuse d'éloigner l'enfant dès sa naissance. Un enfant allaité par sa mère, dans un magasin où tout doit se parer pour attirer le chaland.... mais ce n'est pas possible! On tarit bien vite les mamelles gonflées de lait, et le petit être est confié à une mercenaire.

Le décès des enfants par l'industrie des nourrices a pris des proportions telles, qu'il faut re noncer à exposer ce lugubre bilan de la folie humaine. Il est telles zones, avoisinant de grandes villes, où la moitié, les trois quarts peut-être des enfants, en dehors de la mortalité ordinaire, sont aussi impitoyablement détruits que s'ils étaient précipités dans quelque fleuve Jaune du céleste Empire.

Et ceux qui sortent vivants de cette arène, où ils sont comme livrés en pâture aux bêtes, n'ont plus, bien souvent, qu'une constitution à jamais débile ou viciée, fruit d'une mauvaise alimentation et de la privation des soins hygiéniques les plus élémentaires.

D'ailleurs il faut bien reconnaître que l'élevage des enfants nés et élevés à la ville, dans une rue, est hérissé de difficultés sans nombre.

Aussi, dans les villes la mortalité des enfants est-elle incomparablement plus considérable que celle des enfants élevés à la campagne, mais par leurs parents au foyer domestique.

En résumé, augmentation formidable des maladies et des décès, détérioration physique et morale de l'individu et de la race : voilà le fruit incontestable du séjour dans les grandes villes.

Combien est plus naturelle et plus bienfaisante la vie à la campagne! il y a dans les champs, dans le spectacle toujours jeune et nouveau de la nature, un irrésistible attrait que ressentent les citadins les plus endurcis. Leur joie, au fond, est de quitter pour quelques heures les rues sombres et d'aller s'ébattre au grand air. Leur rêve de bonheur, quand l'aisance sera venue, c'est infailliblement la petite maison et le jardin dans quelque coin ombreux.

Mais, pour que la campagne donne tous ses fruits de vie, il faut qu'elle n'ait jamais été complètement délaissée; il faut que l'enfant y naisse et y vive, qu'il s'imprégne de tous ses éléments de force et de mâle grandeur.

C'est vraiment l'homme adonné à la culture de la terre qui conserve la pureté du sang, la beauté et la vitalité de la race; c'est lui qui renouvelle sans cesse cette population de villes, étiolée et décrépite avant l'âge, décimée par les maladies et la mort.

Certes, bien des éléments de dissolutions ont pénétré depuis quelque temps surtout, dans les moindres villages, dont beaucoup sont devenus de véritables succursales des villes. Cependant, quoique devenant plus rare de jour en jour, le véritable homme de campagne existe encore.

Celui-là ne sait pas se défendre d'une convoitise âpre et même un peu brutale pour les biens matériels, qui lui donnent tant de peine à acquérir, pour cette terre qu'il arrose littéralement de sa sueur; mais il conserve cependant dans ses mœurs comme un reflet lointain de la vie patriarcale, qui ne manque pas d'une certaine grandeur.

Sa vie s'écoule calme, souvent sereine, presque toujours longue. On trouve certainement chez lui plus qu'à la ville, quoique amoindries et déformées, les traces de cette antique institution de la famille, s'appuyant sur le foyer transmis, le respect fortement enraciné de l'autorité paternelle, le mariage contracté dès la première jeunesse et le grand nombre des enfants.

C'est lui, après tout, qui est la vraie race autochtone, le vrais soutien du pays, qu'il nourrit de ses productions; c'est lui qui est le soldat par excellence, le précieux noyau de toute armée active.

Il conserve sa foi et n'en rougit pas comme le pâle citadin. Vivant encore dans cette étable où a voulu naître le Sauveur, il est resté comme imprégné, à travers dix-huit siècles, de cette parole de vie qui a emprunté ses images et ses comparaisons aux choses de la terre, pour qu'elle fût spécialement accessible aux hommes de la terre.

C'est chez lui que se recrutent en majeure partie le prêtre, la sœur de charité, le missionnaire: glorieuse milice qui continue l'œuvre des premiers apôtres, eux aussi sortis du sein du peuple.

Le courage physique sans forfanterie, le mépris de la mort, qu'il accepte avec une résignation et une simplicité admirables: tel est encore le double cachet de cette race pleine de sève, véritable racine implantée dans le sol, et d'où jaillissent les robustes rameaux qui couvrent la patrie de leur abri puissant: *non tu radicem portas, sed radix te.*

Comme pour Antée, qui dans sa lutte avec le géant, retrouvait sa vigueur toutes les fois qu'il touchait la terre, le contact de la terre sera toujours pour l'homme une inépuisable source de force, de virilité, de vitalité.

LE SOMMEIL

Une fonction naturelle, qui absorbe presque la moitié de la vie, mérite bien un sérieux examen.

Maintenu dans ses limites vraies, le sommeil est un don très-précieux accordé à l'homme; c'est le baume qui panse bien des plaies, le souverain réparateur du corps et de l'âme.

Mais l'oisif, qui dort avec excès, détruit volontairement la force et l'harmonie de sa santé. son corps s'énerve et s'amollit, et son intelligence elle-même devient moins aiguisée.

Il est de remarque vulgaire que les gens qui parviennent à une vieillesse avancée sont tous actifs et se lèvent de très-grand matin.

Au moment où le jour va paraître, la terre exhale comme un arome de Jeunesse et de vie, impression délicieuse que connaissent bien ceux qui ont pratiqué les champs et les forêts.

Pour s'arracher au sommeil, il faut nécessairement se livrer à un acte de volonté énergique, qui trempe le corps et l'âme : car savoir se vaincre est l'apanage d'un caractère viril.

Et cette victoire, cette domination de soi-même est extrêmement rude à acquérir quand il s'agit du sommeil.

Les religieux qui brisent leur sommeil au milieu de la nuit et se lèvent en outre de grand matin, conviennent que de toutes leurs macérations aucune peut-être n'est aussi pénible, et que l'habitude ne parvient nullement à en émousser la rigueur.

Ils n'accordent au repos que le plus strict nécessaire, et cependant leur santé résiste parfaitement au rude combat qu'ils livrent à la chair. Ils puisent au contraire dans cet incessant sacrifice une précieuse exaltation et une grande energie de l'âme.

Tandis que l'homme du monde, qui dissipe une partie de ses nuits dans des occupations ou des plaisirs futiles, espère en vain, par un sommeil prolongé fort avant dans le jour, réparer l'atteinte radicale portée à ses forces..

Le sommeil, pour être vraiment salutaire et réparateur, exige certaines conditions.

Si l'on veut que le sommeil soit calme et pur, le repas du soir doit être frugal et léger. Un estomac surchargé de nourriture rend le sommeil lourd et pénible.

Combien aussi il est différent de gagner sa couche encore tout troublé du fracas et des dissipations du monde, tout pénétré d'idées frivoles et malsaines, dont l'influence se continue pendant le sommeil, ou d'aborder le repos avec ce calme, ce recueillement, je dirai presque ce respect, qui deviennent pour l'âme une source de délicieux rafraîchissement et appellent la touche divine.

Il semble qu'avec le sommeil, l'homme commence une vie nouvelle. Il parcourt, en songe, des régions inconnues et étranges. Souvent les questions qui le préoccupaient lui apparaissent avec une solution lumineuse et inattendue.

On dirait que l'âme tend à se dégager de ses liens matériels ; qu'elle s'efforce, quoique captive, de s'envoler vers les mystérieuses régions qui nous sont voilées.

Cette réelle et spéciale activité que l'âme

conserve pendant le repos du corps, peut être mise à profit et utilement dirigée.

On peut dégager, jusqu'à un certain point, le sommeil des entraves de la matière et le rendre fécond.

« Donnez au sommeil, » dit le P. Gratry, « des « germes de lumière et de saintes émotions, et « Dieu-même va les cultiver dans l'âme de son « fils endormi. »

Que nous prescrit l'Eglise, toujours si maternellement vigilante pour ses enfants? que doit faire tout chrétien avant de se livrer au sommeil? — Dégager son âme des préoccupations exclusives du monde, l'élever jusqu'au Créateur par la prière, et s'endormir plein de confiance en la bonté de Dieu.

La récompense de cette pratique, bien simple mais bien salutaire, sera un sommeil pur, chaste, peut être inspiré.

L'Ecriture Sainte nous apprend que plus d'une fois l'homme a reçu pendant son sommeil des inspirations divines.

Dieu parle une fois à l'homme et ne répète pas ce qu'il dit.

Durant le sommeil, dans les visions de la nuit, quand l'engourdissement s'empare des hommes et qu'ils dorment sur leur lit :

Alors il leur ouvre les oreilles et grave en eux ses leçons (JOB, XXXIII, 14).

Parmi les nombreuses visions, divines ou angéliques, rapportées dans l'ancien Testament, il suffit de citer celle où Jacob vit en songe la céleste échelle appuyée sur la terre, comme tous nos degrés d'ascension pendant l'exil.

Les anges montent avec nous pour nous frayer le chemin ; ils redescendent lorsque nous sommes fatigués, nous ranimant aux fraîches rosées du ciel.

Cette scène lumineuse dut laisser ses traces dans toute la vie éprouvée, errante, du grand patriarche ; ses horizons en furent agrandis et colorés. Aussi la liturgie, toujours si poétique, empruntant vers le soir les accents inspirés de David, nous fait-elle dire :

Si dedero somnum oculis meis, et palpebris meis dormitationem ;

Et requiem temporibus meis, donec inveniam locum Domino, tabernaculum Deo Jacob.

Ceux qui ne recherchent dans un repos modéré que de nouvelles forces pour la vie se retrempant à ses sources profondes, font vraiment de leur sommeil un tabernacle au Dieu de Jacob.

C'est en songe que les Rois Mages furent avertis de ne pas retourner vers Hérode.

Comme les patriarches, les disciples de Jésus-Christ furent, à plusieurs reprises, favorisés de songes surnaturels ; et Dieu a bien des fois manifesté ainsi sa volonté à ses élus.

Le sommeil peut donc se surnaturaliser en quelque sorte, l'âme peut encore, pendant cette période comme de mort apparente, chercher à dénouer ses entraves ; elle peut continuer son travail de lumineuse éclosion.

Mais, dans la pratique usuelle de la vie, les inspirations venues pendant le sommeil sont bien rares et bien difficiles d'ailleurs à dégager des obscurités du rêve ou de la fantaisie.

De bonnes inspirations, en revanche, peuvent devenir parfaitement claires, parfaitement perceptibles à l'homme éveillé, qui sait prendre pour guide un sentiment intime, réminiscence de notre nature angélique.

Mais ce don, souverainement utile, est bien peu connu, bien peu cultivé.

Dans le cœur de tout homme retentit, pour qui sait l'entendre, une voix mystérieuse, souffle de l'Esprit-Saint, impression subtile comme ce qu'on appelle pressentiment, qui nous éclaire, nous indique infailliblement la meilleure voie, à tout instant, dans les moindres, comme dans les plus sérieuses circonstances de la vie.

Les prévisions les plus sages, les mieux fondées sur la raison, sont déjouées sans cesse ; les combinaisons les plus industrieuses sont brisées de la manière la plus inattendue et la plus cruelle.

Mais les inspirations de ce guide mystérieux ne nous trompent jamais.

Seulement, là encore comme dans le songe, *Dieu parle une fois à l'homme et ne répète pas ce qu'il dit.*

C'est une illumination soudaine, un éclair rapide, dont la passagère lueur doit nous suffire pour voir ; précieuse faculté, qui se développe et se perfectionne par l'exercice, par l'habitude d'en rechercher le secours et de se soumettre à sa décision.

Cette *voyance* devient un des attributs les plus précis de la vie parfaite et un des caractères constants de la sainteté.

Pour ne citer, parmi tant d'autres, qu'un exemple presque actuel, le saint curé d'Ars avait à un haut degré cette lumière divine. Parmi l'immense foule de pèlerins qui, pendant plus de trente ans, sont venus à lui, un très grand nombre lui posaient des questions relatives à des intérêts matériels qu'il ignorait parfaitement. La réponse jaillissait nette, lumineuse, décisive, tout à fait spontanément, mais en quelques mots rapides et concis. Ceux qui espéraient, par de nouvelles instances, obtenir de plus grands détails, les développements plus circonstanciés, ne recevaient plus rien.

L'éclair avait jailli : *Semel loquitur Deus, et secundo idipsum non repetit.*

L'AME

L'AME ET LE CORPS

J'ai jeté un coup d'œil rapide sur les principales fonctions du corps, et j'ai cherché à montrer son étroite connexion avec l'âme, même quand il s'agit d'actes en apparence purement matériels.

Je vais maintenant examiner l'âme à un point de vue spécial.

L'homme est complexe, mais il est un. Le corps et l'âme, envisagés comme parties distinctes par faiblesse de la conception humaine, ne forment en réalité qu'un seul tout naturel, substantiel.

Anima rationalis et caro unus est homo (Symbole de saint Athanase).

L'âme n'est pas contenue dans le corps; mais c'est elle, au contraire, qui le contient. Elle est le moule, la *forme* du corps matériel, ainsi que l'a prononcé le concile général de Vienne (1311).

Qui pertinaciter asserere præsumpserit animam intellectivam non esse formam per se essentialiter corporis humani, hæreticus censendus est. — « Celui qui aurait la présomption d'affirmer que l'âme intellective n'est pas, par elle-même, la forme essentielle du corps, doit être considéré comme hérétique. »

C'est donc l'âme, forme du corps, qui le fait exister et le *contient,* selon l'expression de saint Thomas.

Substantia incorporea, sua virtute contingens rem corpoream, continet ipsam et non continetur ab ea: anima enim est in corpore ut continens, et non ut contenta. — « La substance incorporelle qui a rapport d'existence avec une substance corporelle, la contient, et elle n'y est pas contenue. L'âme humaine est donc dans le corps comme le contenant, et non comme le contenu. »

Anima magis continet corpus et facit ipsum esse quam e converso. — « L'âme contient le corps et le fait exister bien plus qu'elle n'est contenue dans le corps. »

De là cette surprenante parole de Jesus-Christ: *C'est l'esprit qui vivifie: la chair ne sert de rien.*

Ainsi l'âme est, de son essence, supérieure au

corps. Elle a besoin des organes de ce corps, auquel elle est substantiellement unie, pour travailler à sa perfection ; mais, par contre, elle peut, dans de certaines limites, dompter et dominer le corps.

Cette pénétration, cette domination du corps par l'âme peut donner à celui-là une certaine empreinte indépendante de sa structure native.

Qui n'a maintes fois remarqué combien les occupations habituelles d'un individu, les idées dont il se nourrit, les penchants qui le dominent se reflètent sur son habitude extérieure !

Chez l'homme asservi aux penchants brutaux, aux intérêts bas et matériels, les traits, même avec une régularité quelquefois remarquable, expriment fidèlement la dégradation morale.

Mais que l'âme se dilate, se dégage des aspirations vulgaires : et la figure, le corps entier, ne tardent pas à acquérir une noblesse frappante, action irrécusable de la *forme* sur la matière.

Il est des figures qui sont irrésistiblement sympathiques : la bonté, la grandeur y sont visiblement inscrites, et leur donnent le plus charmant attrait.

D'autres inspirent le respect, la vénération. Les traits de certains religieux sont vraiment surnaturalisés par leur foi et leurs macérations; leur aspect frappe et saisit les plus indifférents.

A mesure que la vie de l'âme s'exalte, que s'allume l'incendie du pur amour, le corps semble briser les entraves de sa conformation physique; il s'illumine de reflets merveilleux, la face resplendit d'une beauté étrange et comme surhumaine, et les yeux, miroir de l'âme, projettent un irrésistible éclat, qui enchaîne et soumet les cœurs.

J'en prends à témoin ceux qui ont eu l'insigne bonheur de voir un saint.

O vous, innombrables pèlerins qui avez foulé cette terre bénie d'Ars, n'est-il pas encore vivant dans votre souvenir, ce saint Curé qui vous est apparu comme un messager du ciel? Pourriez-vous jamais oublier ces traits, rudes et grossiers peut-être dans leur structure native, mais devenus inspirés et radieux; cette face que Dieu semblait avoir pétrie sous sa touche adorable; ces yeux dont la flamme plongeait délicieusement jusqu'à votre âme, comme un rayon d'ineffable amour?

Ainsi de l'âme vivifiée procède pour le corps une beauté tout idéale, et là est précisément le caractère distinctif de la beauté chrétienne.

Les anciens exaltaient et cultivaient la beauté plastique dans toute sa rigueur sculpturale, et les artistes grecs nous ont laissé, dans ce genre, des modèles que nous n'avons peut-être jamais égalés.

Bien différente est la beauté chrétienne qui n'a jamais été même soupçonnée avant la venue du Sauveur : elle résulte de l'empreinte opérée sur le corps par l'âme, et peut s'allier avec un visage irrégulier et incorrect. C'est qu'une vie nouvelle et plus subtile rayonne glorieusement à travers le corps pénétré : *Omnis gloria ejus ab intus* ; beauté intérieure qui transsude, pour ainsi dire, à travers la chair attendrie, réminiscence de la beauté primitive et angélique dont l'art chrétien s'est inspiré avec tant d'éclat.

Outre ces impressions nécessairement lentes et résultant d'une action prolongée, l'influence de l'âme est encore bien apparente dans certains actes plus rapides, pendant lesquels elle arrive à dominer le corps de la façon la plus étrange.

Je veux parler des passions, c'est-à-dire de certains mouvements violents et passagers de l'âme, pendant lesquels la vie acquiert une intensité insolite et parfois prodigieuse.

Dans sa véritable essence, la passion est un don salutaire accordé à l'homme. Il était nécessaire que, dans quelques circonstaces, il pût transitoirement disposer de ressources extraordinaires.

On a vu les êtres les plus faibles, dans un moment critique ou périlleux, développer subitement une force musculaire incroyable, briser des obstacles, soulever des fardeaux absolument hors de proportion avec la somme habituelle de leurs forces.

Dans l'enivrement des combats, non seulement les forces corporelles trouvent des ressources étonnantes, mais la sensibilité physique elle-même est quequefois momentanément émoussée, à ce point que les blessures peuvent n'être pas immédiatement ressenties.

L'homme auquel est accordée la gloire insigne du martyre est certainement soutenu par l'assistance divine; mais, en outre, le transport qui ravit son être développe en lui une force merveilleuse, qui peut aller jusqu'à abolir presque la souffrance du corps, et lui permettre de supporter les plus cruelles tortures avec cette sérénité et cette joie qui nous paraissent inconcevables.

Rien de plus réel que cette domination de

l'âme sur le corps. Celui qui sait invoquer cette force et la mettre en œuvre, trouve là, dans bien des circonstances, une ressource efficace, un secours assuré.

Que la vie par exemple soit menacée par une maladie grave, l'homme dont le moral est abattu sera facilement terrassé; s'il lutte au contraire avec ténacité et courage, un acte de volonté énergique peut infuser dans tout son être une incroyable force de résistance. Que de fois n'avons-nous pas vu des malades guérir contre toute prévision, parce qu'ils le voulaient!

Dans ses immenses désastres dont on a tant d'exemples, dans un naufrage, dans une retraite.... des natures souvent frêles en apparence, mais soutenues par une indomptable volonté, triomphent de tous les obstacles; tandis que d'autres physiquement plus robustes, mais moins fortement trempées au moral, fléchissent et succombent.

La *volonté* est une force morale dont l'influence physique est incontestable; et l'âme énergique, ou momentanément surexcitée, arrive à dominer le corps jusque dans des phénomènes vitaux qui paraissaient devoir être soustraits à son empire.

Cette influence peut rayonner de notre âme et s'infiltrer jusqu'à l'âme d'autrui. On sait combien les masses d'hommes sont quelquefois soulevées par l'action d'un seul être énergique, qui les domine, les enthousiasme, les entraîne, — ce qui constitue la qualité essentielle du chef, du général.

Il est des hommes d'élite qui n'ont qu'à paraître pour fortifier et exalter les plus indécis et les plus timides, pour iufuser dans les cœurs la confiance le courage et l'héroïsme.

La passion, dans sa véritable essence et dans l'ordre providentiel, est donc bonne et salutaire. Il n'est pas jusqu'à la colère qui ne puisse être digne d'éloges et sainte, lorsqu'elle a pour but de stigmatiser ce qui est bas et coupable, de foudroyer l'iniquité et la tyrannie, de chasser les vendeurs hors du temple: *irascimini, et nolite peccare.*

Mais est-il besoin de faire ressortir combien les mêmes passions détournées de leur vrai but et mises au service des violentes impulsions de la chair, sont pernicieuses, sont justement flétries et condamnées ?

Il n'est aucun philosophe, même païen, qui

n'aït disserté sur l'absolue nécessité de vaincre ses passions, sur l'avantage que trouve l'homme à dompter les mouvements violents et déréglés de son âme. Hercule est toujours représenté au repos, parce que le calme est l'indice le plus certain de la vraie force.

Mais cette domination des passions mauvaises, ce frein mis aux impulsions brutales, les philosophes anciens n'ont pu en faire ressortir les avantages qu'à un point de vue étroit et égoïste.

C'est au christianisme qu'était décernée l'incomparable mission de donner à l'homme les vrais moyens de se vaincre, en infusant jusqu'au plus profond de son être l'humilité, la chasteté, l'amour du prochain et de Dieu. On ne parvient à désintéresser l'homme de lui-même qu'en lui donnant un point d'appui plus cher que soi, et plus impérieux sur sa conscience que sa volonté même.

L'Eglise combat sans relâche les passions coupables, parce qu'elles sont le poison le plus subtil qui puisse corrompre et anéantir la vie de l'âme.

L'appétit désordonné des richesses et des jouissances matérielles, la luxure, la gourmandise, l'avarice, l'orgueil, la colère, la paresse, la crainte, la haine, la jalousie... voilà autant d'ennemis redoutables, pernicieux au corps et à l'âme: passions essentiellement destructives, dont l'homme doit à tout prix éviter le perfide enlacement, fuir la mortelle étreinte.

RICHESSE ET PAUVRETÉ

Une des aspirations les plus fortement enracinées chez l'homme, c'est celle de la possession des biens matériels.

Rien ne lui paraît plus légitimement enviable que cette richesse qui représente pour lui la liberté, le bien-être, le repos et, il le croit, le bonheur.

Et cependant de toutes les chaînes qui oppressent l'humanité ici-bas, il n'en est pas de plus lourde peut être, que cette chaîne d'or qui courbe fatalement sur la terre ceux qui en sont chargés.

C'est que savoir posséder sans asservir son âme, tirer de la richesse un élément de vie et non un principe de mort, le Sauveur l'a dit, c'est difficile.

Lorsque le jeune homme accourt près de lui, et le prie en lui disant :

Bon Maître, que faut-il que je fasse pour acquérir la vie éternelle ?

Jésus, le regardant, l'aima et lui dit : « Il vous manque une chose ; allez, vendez tout ce que vous avez et le donnez aux pauvres, et vous aurez un trésor dans le ciel ; ensuite venez et me suivez. »

Mais cette parole l'affligea, et il s'en retourna triste, parce qu'il avait de grands biens.

Alors Jésus, regardant autour de lui, dit à ses disciples : « Qu'il est difficile que les riches entrent dans le royaume des cieux ! »

Et les disciples étaient étonnés de ces paroles, mais Jésus leur répéta : « Mes enfants, qu'il est difficile que ceux qui se confient en leurs richesses entrent dans le royaume de Dieu ! »

Avec quelle insistance Jésus déplore le lourd fardeau qui appesantit les pas du riche et l'empêche de s'engager dans le sentier de vie !

Cependant, ailleurs, nous le voyons demander l'hospitalité à un riche, à Zachée, qui, dans son ravissement, déclare qu'il veut donner la moitié de ses biens aux pauvres. Jésus ne lui commande pas alors de se dépouiller, mais il prononce sur lui cette bénédiction : *Le salut entre aujourd'hui dans cette maison, parce que celui-ci est aussi enfant d'Abraham.*

Jésus-Christ bénit donc l'hospitalité et la libéralité du riche, parce que l'essence de la richesse, c'est de donner. Le riche doit se regarder comme le dépositaire des biens de Dieu ; il doit convier au festin les pauvres et les délaissés, de crainte que la rouille ne s'accumule sur son or et son argent, et ne porte témoignage contre lui dans les jours à venir.

Vos richesses, dit l'Ecriture, *doivent servir à racheter votre âme ; et ce rachat s'opère par l'aumône.*

Qu'il est heureux, le riche, s'il connaît le prix et le véritable emploi de son or, s'il sait faire circuler cette sève féconde et lui faire produire de beaux fruits de miséricorde !

Faire l'aumône, c'est participer à l'un des attributs de Dieu ; faire le bien, c'est s'honorer soi-même et se préparer la récompense au centuple : *Da pauperi, ut des tibi ; da pauperi micam, ut accipias totum panem ; da tectum, accipe cœlum ; da res perituras, ut accipias æternas mensuras* (Petrus Chrysologus).

Donnez à tous ceux qui vous demandent.

La mesure que vous ferez aux autres est celle qui vous sera faite ; Dieu vous la rendra bonne, pleine et surabondante.

Donnez de vos biens aux pauvres, et tout sera pour vous.

Pour qui sait et croit ces paroles, le pauvre devient un ami et sa rencontre une bonne fortune.

C'est aux pauvres qu'appartient le royaume des cieux, ainsi que l'a dit expressement N. S. Jésus-Christ.

Et il a ajouté :

Employez les richesses d'iniquité à vous assurer des amis, afin que, lorsque vous viendrez à manquer, ils vous reçoivent dans les tabernacles éternels (Luc. XVI, 9).

Il n'y a pas de dons naturels : ce sont les pauvres qui nous introduiront un jour dans le ciel si nous avons en son nom fait des amis sur la terre.

Que nous sommes heureux, disait le saint curé d'Ars, que les pauvres viennent ainsi nous demander ! S'ils ne venaient pas, il faudrait aller les chercher, et l'on n'a pas toujours le temps.

La magnificence de l'aumône résulte aussi bien du verre d'eau du pauvre que la poignée d'or du riche. Jésus-Christ glorifie le denier de la veuve, et la moindre charité peut devenir un don vraiment princier.

Charité, libéralité : voilà les plus indispensables attributs de la richesse ; sans ces vertus purifiantes, elle n'est plus qu'un monstrueux étalage d'égoïsme, dont Dieu punit la stérilité.

La *main ouverte* est un blason. Elle fait reluire l'âme qui n'est pas enchaînée à ces biens inférieurs ; elle est la marque d'un cœur dilaté par l'amour et les sentiments généreux.

C'est ainsi que saint Thomas ne craint pas d'appeler la magnificence une grande vertu.

Mais il faut distinguer cette magnificence, noble attribut de la grandeur, de ce luxe insensé qui n'est, au fond, qu'une satisfaction plus ou moins élégante donnée aux purs instincts matériels.

Dans un grand nombre d'existences, ce besoin de luxe s'impose comme le maître le plus dur et le plus impitoyable. Si l'on est riche, le train de maison auquel on se condamne devient, par la complication et la multiplicité de ses exigences, la sujétion la plus envahissante et la plus tyrannique. Si ce luxe est demandé au travail, il faut que ce travail nous absorbe tout entier, au mépris des plus impérieux besoins de l'âme; et, dans ces deux cas, le meilleur de la vie s'écoule forcément inutile, dans des préoccupations mondaines, des relations futiles, des plaisirs factices, dont le résultat n'est, pour le cœur, que le vide et la sécheresse.

L'homme de bien se contente de peu, se voyant sur la limite qui est entre l'immortelle vie et la vie mortelle (Clément d'Alexandrie).

La réduction presque illimitée des besoins et des désirs, voilà la base la plus solide de toute liberté, de toute indépendance. L'homme de grand cœur prend la richesse comme un plus facile accès vers le beau, et surtout comme un instrument d'inépuisable charité; mais il foule aux pieds ses fausses exigences, dédaigne ses enivrements, et y puise, comme les soldats de Gédéon, sans courber les genoux.

Les biens temporels, dit saint Augustin, ne rendent pas les hommes bons; mais les hommes étant devenus bons par une autre voie, rendent ces biens terrestres de vrais biens par l'usage qu'ils en font.

Si elle n'est dégagée de ces influences malfaisantes, et comme surnaturalisée, la recherche passionnée des biens terrestres devient un vice grossier, un esclavage dégradant, une idolâtrie, comme l'appelle saint Paul : *avarus quod est idolorum servitus.*

Cet esclavage, cette idolâtrie sont le stigmate des sociétés en décadence, où l'on ne trouve plus que des natures desséchées, divinisant et adorant la matiére, des existences livrées à cette course folle dont l'or est le but envié. A ce degré d'avilissement, peu importent les souillures de la route, pourvu que l'on arrive. Le corps et l'esprit s'usent à la poursuite des faux biens, la voix de l'âme est étouffée sous leur amoncellement, et l'homme meurt collé à la terre, sans s'être souvenu qu'il a des ailes.

Les saints étaient tous de rudes amants de la pauvreté, et maintenant ils nagent dans l'abondance divine. Oh ! si l'on savait être pauvre, que l'on serait heureux, même ici-bas !

Le Sauveur nous a enseigné la pauvreté : il a

voulu naître dans une étable ; ses apôtres, il ne les a pas choisis parmi les puissants et les riches, mais parmi les artisans et les hommes du peuple ; il a voulu passer sa vie terrestre en contact journalier avec les pauvres et les opprimés.

Ne continuent-ils pas la vie apostolique dans toute son austère grandeur, ces vaillants religieux qui, foulant aux pieds les avantages de ce monde, se dépouillent, comme le lutteur, pour entrer dans l'arène et combattre le bon combat ? Ils s'imposent plus de privations matérielles que les plus pauvres artisans ; ils mendient leur pain comme les plus délaissées des créatures, et font de la pauvreté la plus adorable des vertus.

C'est que la pauvreté du Christ est une source vive où se puise le breuvage de force et de liberté.

Cette liberté n'est qu'une aspiration vaine et illusoire pour ceux qui croient la trouver dans des combinaisons sociales, dans les satisfactions de la richesse, dans l'aisance généralisée. Réduction des besoins, dédain du superflu et même du simple bien-être, mépris de la souffrance et de la mort : voilà la haute dignité et l'invincible liberté de la vie ; voilà la racine de l'indépendance et du bonheur.

Il faut le dire : c'est encore chez le pauvre qu'on trouve le plus souvent le véritable dévouement, avec sa simplicité tout évangélique et s'ignorant soi-même ; c'est encore le pauvre qui expose le plus résolûment son seul bien, sa vie, pour arracher un de ses semblables au danger, à la mort. C'est peut être dans le peuple que se retrouve le plus vivace ce sentiment de fraternité qui, pour tant d'êtres affadis, n'est qu'un mot vide et sonore. L'hospitalité, la charité pratiques se retrouvent encore dans ces âmes que la brillante civilisation n'a pu réussir à corrompre tout-à-fait.

Aussi le pauvre est-il l'enfant chéri de Dieu.

La vie du vrai pauvre, de celui qui accepte, pratique et aime la pauvreté par précepte évangélique, est plus heureuse que celle du riche. Son abandon, son absence d'inquiétude sont souvent inconcevables en présence d'un avenir qui ne repose sur aucune base assurée. Il s'est confié à la bonté de Celui dont l'œil est ouvert sur la moindre de ses créatures, et la pauvreté devient un chemin Royal qui le mène au ciel.

Desine ergo mundum quaerere, ne pereas cum eo.

L'AMITIÉ

Un des cachets les plus tristement distinctifs de notre époque, c'est l'exubérance de la personnalité, la glorification du moi, l'étalage sans vergogne du plus repoussant égoïsme.

Aussi l'amitié, ce robuste lien de deux cœurs, tend-elle à s'amoindrir tous les jours, à devenir presque un mythe, signe trop visible de l'affaissement et de l'étiolement général.

Pour comprendre l'amitié a l'état de *soleil de la vie*, ainsi que l'appelle saint Chrysostome, il faut avoir le cœur plein d'amour, un cœur dont le mouvement soit d'aimer. — Qu'on ne donne pas ce doux nom aux mourantes lueurs qui se lèvent sur tant d'existences éteintes ; — éphémères et superficielles affections, sorte de continuité dans certaines relations agréables qui n'ont de l'amitié que l'apparence.

Ce sont les épreuves bien plus que les joies, partagées et supportées en commun, qui fondent l'amitié, *don complet de soi-même*. Aussi les deux fonctions sociales les plus analogues par je ne sais quelle empreinte de droiture, de mâle simplicité, de décision dans le dévouement, le sacerdoce et les armes, comptent-elles peut-être le plus d'hommes liés l'un à l'autre par une amitié digne de ce nom : *à la vie, à la mort*.

C'est que tous deux, le soldat et le prêtre ou le religieux, consacrés, l'un à la patrie du présent, l'autre à la patrie de l'avenir, dégagent forcément leur âme du froid et mortel égoïsme. L'habitude de soumettre leur volonté, de se dominer eux-mêmes, d'être toujours prêts à tout quitter pour affronter les privations, les périls et la mort, imprime à leur vie un caractère de grandeur, de sérénité, de noblesse ; et entre de tels cœurs l'amitié va jusqu'au bout.

L'amitié solide ne peut exister qu'entre des cœurs vigoureusement trempés — ou pétris de délicatesse et de dévouement, comme celui de la femme, — et capables de tous les sacrifices. *La confiance est le vestibule de l'amitié, mais le sacrifice en est le sanctuaire.*

Sans l'amour, l'âme se flétrit et meurt ; l'amitié, le plus direct et le plus délicieux écoulement de l'amour, n'est pas moins nécessaire à la vie de l'âme et à la surnaturalisation de tout notre être.

« Je ne sais si vous êtes comme moi, écrit le P. Lacordaire à des jeunes gens, mais je ne sais plus aimer quelqu'un sans que l'âme se glisse derrière le cœur et que Jésus-Christ soit de moitié entre nous. Les communications ne me paraisssent plus intimes si elles ne deviennent surnaturelles. »

Et il ajoute : « A mesure qu'on vieillit, la nature descend et les âmes montent, et l'on sent la beauté de ce mot de Vauvenargues : *Tôt ou tard on ne jouit que des âmes*... On peut toujours aimer et être aimé. La vieillesse, qui flétrit le corps, rajeunit l'âme quand elle n'est pas corrompue et oublieuse d'elle-même. »

Aimer, être aimé, sentir un cœur qui bat à l'unisson du sien, sentir le vivant et robuste contact d'une âme amie, n'est-ce pas sentir sa vie délicieusement doublée ?

O délices de l'avenir, lorsque nos cœurs éblouis

s'ouvriront devant l'éternelle beauté et boiront toutes les formes angéliques de l'amour, que nous pressentons à peine dans notre atmosphère froide et resserrée !

S'aimer les uns les autres sur cette terre, c'est le principe évangélique par excellence.

C'est là le précepte que je vous donne ; que vous vous aimiez les uns les autres comme je vous ai aimés, dit Jésus-Christ à ses chers disciples.

Je ne vous appellerai plus mes serviteurs, je vous appellerai mes amis.

Il n'y a point de plus grand amour que de donner sa vie pour ses amis (S. Jean, xv, 12).

L'ART

Au soleil de l'amour et de l'amitié s'illumine la vie, tandis que l'égoïsme et toutes les passions basses et viles flétrissent et dessèchent le cœur. Nous devons donc nous attacher à entretenir constamment en nous le saint enthousiasme de tout ce qui est bon, de tout ce qui est beau ; et, pour nous pénétrer du beau sous toutes ses formes, nous devons travailler à introduire dans notre vie l'élément artistique.

L'art, dans sa meilleure et véritable acception, c'est le culte du beau; c'est la recherche, la perception et l'expression du beau.

Ici encore nous nous trouvons en présence d'étranges aberrations. Bien souvent les illusions et les attractions sensuelles nous troublent, nous donnent le change, et nous font concevoir du beau une idée fausse et perfide.

Il n'y a de vraiment beau que ce qui est vivant, et la vraie et indestructible beauté ne peut procéder que de l'âme.

L'amour, vie de l'âme, est donc la plus indispensable condition de l'art, et l'on peut affirmer que tous les grands chefs-d'œuvre de l'art ne sont que de pures émanations de l'amour, de véritables créations de l'amour.

De même, pour que le beau puisse être perçu par nous, pour qu'il nous impressionne, nous étreigne dans toute sa délicieuse intensité, il faut nécessairement que notre âme soit éveillée. Une grande scène de la nature, une belle poésie, une peinture, une œuvre musicale... nous raviront d'enthousiasme à un moment donné, et nous laisseront froid dans une autre période de notre vie. C'est que l'émotion, c'est-à-dire la force qui meut, toute continue soit-elle dans l'œuvre de Dieu ou des hommes, est impuissante à faire vibrer des cœurs inertes et éteints.

Promenez un être affadi et blasé au travers des éblouissants sommet des Alpes ; faites-lui entendre les pages les plus inspirées et les plus touchantes de Mozart, d'Haydn, de Beethoven...

et vous provoquerez à peine chez lui une émotion superficielle et passagère. Pour le tirer de son engourdissement, il lui faudra, peut être, ces excitations épicées et malsaines, qui ne s'adressent qu'à la partie grossière des sens et profanent l'art en se couvrant de son nom.

Pour la perception comme pour l'expression du beau, la première condition c'est donc que l'âme soit pénétrée de vie.

Il faut qu'en face d'une œuvre d'art inspirée, le cœur batte d'une sainte émotion et se mette, lui aussi, à se chanter son poëme : sens de l'idéal dont la frange éblouissante vient nous toucher, vision de Dieu qui passe et nous laisse inondés de lumière. Aux uns il apparaît dans le buisson ardent, vision familière à ces existences que le feu de la tribulation dévore sans les consumer. Pour d'autres, la sérénité des cieux remplace les tourbillons de flammes ; c'est le calme de l'océan qui se tait, voici le souffle de Dieu frais et doux qui traverse d'arides espaces, les embaume et les couvre d'une merveilleuse végétation... Naïfs enthousiasmes, délicieuses extases qui soulèvent l'âme jusqu'à ces mystérieuses régions où l'ineffable beauté apparaît presque sans voile.

En appliquant ces données fondamentales à la connaissance et à l'appréciation des œuvres d'art, on ne s'exposera jamais à faire fausse route, et l'art, culte du beau, nous mènera toujours directement à Dieu, source de toute beauté, la beauté même.

Ce globe terrestre que la pensée embrasse d'un regard, et que dépasse le cœur en une seule de ses étreintes, cette terre voyageuse est bien insuffisante à nous retenir dans sa sphère limitée. Il faut donc suivre le mouvement indiqué par les symboles même de la nature, que Dieu a disposés pour l'éducation des esprits. Afin que la vie soit belle, ornée de saisons fécondes, et de toutes les magnificences de la création il faut la faire circuler autour de son glorieux centre, le soleil divin. Il faut que l'âme s'approche, toujours en montant, de Dieu qui la dévance, l'appelle, l'attend, qui déjà réside en elle.

Bien heureux ceux qui peuvent conserver avec toute l'intensité de leur foi et l'énergie de leur amour, le trésor de ces prétendues illusions, amorces de l'idéal, qui répondent peut-être aux éternelles vérités de l'avenir. N'est-ce-pas à travers ce prisme étincelant que l'Art nous apparaît dans toute sa magie, qu'il devient accessible à nos tentatives, efforts heureux même dans l'insuccès, parce que tout contact des belles choses nous dilate et nous soulève ?

Que dire de ces instants bénis où Dieu, foyer du beau, en laisse jaillir l'éclair à nos yeux éblouis ! Quelle insondable lumière dans cette pensée que le bonheur infini s'appelle *vision !*

Vision de l'âme à travers les lignes matérielles du corps, vision du Créateur à travers les merveilleuses dispositions de la nature, écho des chants d'amour éternels que disent les Anges : voilà l'Art. — *Il y a des grâces différentes, mais il n'y a qu'un même esprit* (Saint Paul).

Notre siècle matière, en inaugurant et proclamant le *réalisme*, est dans la voie la plus fausse, la plus perfide, la plus fatale, l'art étant dans son essence, non pas la réparation, mais l'idéalisation, la surnaturalisation de la matière. Avec toute notre science, tous nos admirables procédés, nous retombons en plein paganisme.

Et encore, à ce point de vue strictement plastique, sommes-nous inférieurs aux anciens qui relevaient l'art à leur manière en faisant, des neuf muses, des vierges. Ils savaient que la pureté, qui réside sur les sommets lumineux de la vie, est l'état le plus favorable au culte de l'art, et ils auraient renié ces tentatives honteuses de l'art moderne, qui paraît se complaire dans les productions les plus sensuelles, les plus grossières et les plus brutales.

Plus l'art se spiritualise, plus il s'élève.

La religion catholique, religion d'amour par excellence, devait être, et est en effet, la plus artistique des religions ; elle exalte et glorifie l'art.

Lorsqu'elle a surgi des catacombes, se ramifiant dans toutes les directions de la vie sociale, l'art s'est épanoui au souffle nouveau, et a subi la plus merveilleuse transformation.

De là ces admirables cathédrales, résumé parlant et immortalisé de la foi de ceux qui les conçurent et les réalisèrent. La sculpture, la peinture, la musique n'ont-elles pas atteint leur apogée dans les sujets religieux ?

Quels noms presque au-dessus de l'humanité que ceux de ces génies éclos sous le ciel de l'Italie, qu'on pourrait appeler le ciel artistique, dans cette atmosphère par excellence du catholicisme ! leurs tentatives pour reproduire le type du Sauveur, de la Vierge, — cette fleur la plus ravissante de l'art d'un Dieu, — imprimèrent à l'art humain la plus décisive, la plus féconde des impulsions.

En outre, le catholicisme a vraiment vulgarisé l'art : n'est-ce pas dans les fêtes religieuses que les chants, les pompes sacrées deviennent, par leur radieux déploiement, les délices enivrantes de tant d'âmes oppressées sous le poids des tristesses de la vie ? Les aspirations vers l'idéal, dont nul ne peut éteindre en soi la flamme heureuse ou le secret tourment, trouvent là, même pour les plus deshérités de ce monde, leurs heures d'apaisement.

Il est incontestable que les artistes chrétiens se sont élevés à une hauteur qui n'a jamais été dépassée, parce que rien n'est fécond comme la foi.

Dans les arts, celui-là est mort dès cette vie

qui ne croit pas à l'autre, disait Laurent de Médicis, ce magnifique protecteur des arts.

Jamais la peinture n'a rien produit qui soit comparable aux œuvres de Raphaël, de Léonard de Vinci, de l'Angélique, de Michel-Ange... Jamais on n'a surpassé, ni même égalé, cette lumineuse école italienne dont les sujets favoris étaient l'Enfant Jésus, la sainte Vierge, saint Joseph. De quelle adorable et calme lumière n'ont-ils pas fait rayonner tous ces divins personnages !

Haydn, quand l'inspiration se faisait attendre, ne trouvait rien de mieux que de dire naïvement son chapelet, et, à la fin de chacune de ses œuvres, il manquait rarement d'inscrire cette finale si touchante : *Laus Deo*.

Aussi ce maître inimitable nous a-t-il laissé des pages dont l'élévation et la splendeur n'ont peut-être jamais été surpassées.

Mozart, le divin Mozart, l'enfant chéri du ciel, qui change en or tout ce qu'il touche, a fixé, en accents impérissables et dignes des concerts des anges, les plus brûlants soupirs d'amour vers l'infini qu'ait jamais exhalés l'âme humaine.

Tous les artistes vraiment grands, on peut

l'affirmer ont èté religieux et c'est toujours un rayon d'en haut qui illumine ces œuvres, qui nous charment et nous étonnent.

Au fond, rien n'est plus simple que l'art, rien n'est plus accessible que la vie artistique. Chacun est apte à acquérir la notion et le pur sentiment du vrai beau ; que son âme se dégage des préoccupations exclusives de la matière et cherche la vie : tout est là.

Alors le paysage le plus simple pourra lui laisser apercevoir je ne sais quel charme voilé aux yeux vulgaires ; les harmonieuses voix de la nature lui deviendront musique intérieure, et la pensée des grands maîtres lui apparaîtra dans toute son idéale splendeur.

Les ravissements plus intenses de ceux qui saisirent et fixèrent quelques-uns des rayons entrevus dans leur extase, sont la récompense et la réalisation tout à la fois de cette parole de Dieu inspirant Moïse : « Fais selon le modèle qui t'a été montré sur la montagne. »

Montagne de l'idéal que doit gravir l'artiste pour s'approcher, lui aussi, de Dieu.

LE BONHEUR

Nous cherchons le bonheur, et nous nous lançons follement à la poursuites de chimères dans lesquelles nous espérons le trouver. Vaine illusion ! Jamais le bonheur ne consistera dans la possession et la jouissance des biens matériels, parce que Dieu, dans sa justice, a voulu que le bonheur fût accessible à tous.

Lorsque Jésus-Christ quitte ses disciples pour remonter au ciel, que leur laisse-t-il comme le don le plus précieux ? la richesse, la gloire, la grandeur, la science... ? Non, il leur dit : *Je vous laisse ma paix, je vous donne ma paix.*

C'est que si l'homme ne peut pas se soustraire matériellement aux douleurs de ce monde, il peut du moins toujours se mettre au dessus d'elles, les fouler aux pieds et ne pas leur permettre de troubler son âme.

La paix selon Jésus-Christ, voilà un des plus

sûrs éléments de bonheur que nous puissions trouver ici-bas.

Le chemin qui nous mène infailliblement à cette paix de l'âme est le chemin dans lequel nous a précédés le Sauveur, et dans lequel se sont résolûment engagés tous les saints : le chemin de la croix.

Que redoutons-nous ? la souffrance pour ceux que nous aimons et pour nous-mêmes, les humiliations, la pauvreté, la mort ?

Mais si ces maux pouvaient nuire à l'homme, le Fils de Dieu n'aurait pas voulu les endurer en revêtant notre nature mortelle. Ne nous a-t-il pas montré, au contraire, comment de l'abaissement, de l'ignominie, de la douleur et de la mort, apanages inévitables de l'homme, pouvaient sortir la gloire et la vie indestructible.

« Le chrétien véritable est inondé d'une joie intérieure au milieu même des tribulations ; il porte gaiement sa croix, il sort content du martyre et des opprobres, il tend son corps aux coups que la Providence lui envoie, sans que sa sérénité en soit altérée. Il transforme en roses les chaînes, la faim, la soif, les haillons, le feu, les verges, le glaive, la mort. Il aime, il est aimé : que faut-il de plus? » (LACORDAIRE).

Nous devons donc dégager notre vie des misérables préoccupations qui la terrassent, nous dépouiller résolûment de ces inquiétudes énervantes, indignes d'un chrétien.

« L'inquiétude, dit saint François de Sales, est le plus grand mal de l'âme, si l'on en excepte le péché. »

« Toutes les pensées qui vous donnent de l'inquiétude et agitationd 'esprit ne sont nullement de Dieu, qui est prince de paix ; ce sont des tentations de l'ennemi et, partant, il faut les rejeter et n'en tenir compte. »

Au contraire, la joie, l'épanouissement sont un attribut précis de la vertu, ainsi que l'a clairement exprimé saint Thomas dans son éthique.

« La délectation est une conséquence nécessaire de la vertu et son essence même. Nul n'est vertueux s'il ne se réjouit dans les œuvres de bien... nul ne peut persévérer toujours dans le bien s'il l'accomplit avec tristesse. »

Aussi voit-on les ordres religieux défendre la tristesse comme une grave imperfection de l'âme, un sérieux obstacle à la vie parfaite. Les maîtres chargés de diriger les novices exigent d'eux une douce et joyeuse expansion, et ils y veillent avec le plus grand soin.

L'Eglise ne fait-elle pas de *l'espérance* une des vertus théologales ? elle nous défend l'inquiétude, la crainte de l'avenir comme un sentiment d'ingrate défiance, un outrage à la bonté de Dieu,

Ne vous inquiètez pas du lendemain... Votre Père sait que vous avez besoin de ces choses... A chaque jour suffit sa peine.

La paix du cœur est le point fondamental de toute vie équilibrée ; et cette paix, pour être inaltérable, doit s'appuyer sur la soumission absolue à l'ordre de Dieu, soumission qui change en or divin toute douleur, — et sur la satisfaction pleine et entière du *moment présent*. Cette plénitude infinie de la vie de foi est ce que le P. Caussade appelle, avec tant de justesse, *le sacrement du moment présent*.

Dans la vie naturelle, le trouble commence par les sens et passe jusqu'au cœur ; dans la vie d'abandon et de foi, la paix commence par le cœur et de là se répand partout.

Le bonheur, si laborieusement cherché, si difficilement rencontré, est donc, si nous le voulons, bien près de nous. Confiance absolue en Dieu, abandon à Dieu, puis destruction de l'égoïsme, cet affreux culte de soi-même, et, par contre, amour et recherche du sacrifice, l'acte le plus immédiatement fécond en bonne et inaltérable joie.

Un homme qui n'est pas asservi aux jouissances matérielles, qui est arrivé à ne redouter ni la souffrance ni la mort, qui est bien résolu, au premier appel, à se donner tout entier à Dieu, à sa patrie, à ses frères, cet homme acquiert une force immense, un contentement, un calme inconnus au vulgaire. Il traverse la vie d'un pas délibéré, marchant droit au but.

Rien de plus précieux, de plus salutaire que cet épanouissement, cette satisfaction, cette joie toujours accessibles à qui en sait la source.

Rien qui terrasse plus l'âme, rien qui détruise plus infailliblement la vitalité du corps que le doute, le découragement, la concentration et le désespoir prolongés et passés en habitude.

Mourir de chagrin est une expression vulgaire, mais parfaitement juste.

Un chagrin profond, contre lequel l'âme ne réagit pas énergiquement, altère l'harmonie des fonctions organiques et amène bientôt la langueur, l'affaissement, la ruine du corps.

L'homme, qui n'a pas la force de s'élever au-dessus des inévitables misères de ce monde, peut être littéralement broyé, corps et âme, si le frêle édifice sur lequel il se fonde vient à s'écrouler.

Ecoutez, vous qui trouvez le champ de la vie trop étroit pour vos insatiables désirs, qui rêvez toujours de nouvelles richesses, de nouveaux honneurs, de nouveaux plaisirs ; qui frissonnez à la pensée d'une privation, d'une souffrance..., écoutez ce que le bon saint François d'Assise entendait par *la joie parfaite.*

Un jour d'hiver que saint François cheminait avec le frère Léon, il l'entretint de la joie parfaite.

« Si les frères mineurs couvraient la terre, s'ils savaient toutes les langues, toutes les sciences, s'ils rendaient la vue aux aveugles, la parole aux muets, s'ils ressuscitaient les morts, ce n'est pas en cela, frère Léon, que consiste la joie parfaite.

« S'ils parlaient la langue des anges, s'ils connaissaient le cours des astres, les vertus des plantes, les secrets de la terre, ce n'est pas encore la joie parfaite.

« Quand ils convertiraient par leurs prédications, tous les peuples infidèles à la foi du Christ, non ce n'est pas encore la joie parfaite.

« Mais ce soir, quand nous arriverons au couvent, transis de froid, couverts de boue, accablés de fatigue, mourants de faim, et que nous demanderons l'hospitalité,

« Si le portier, au lieu de nous ouvrir, nous répond : Méchants vagabonds, je ne vous connais pas, partez d'ici ; et s'il refuse de nous recevoir, nous laissant à la porte pendant la nuit, exposés au froid et à la neige.

« Si nous souffrons ce traitement avec patience, sans trouble, sans murmure, pensant humblement que ce portier nous connaît bien pour ce que nous sommes ; ô frère Léon, c'est en cela que consiste la joie parfaite.

« Et si, réduits cependant à la dernière extrémité, nous nous décidions à implorer encore l'hospitalité, et qu'alors le portier, furieux de notre insistance, se précipite sur nous et nous chasse comme des fainéants et des voleurs, nous accablant de soufflets, de coups, et nous traînant dans la neige.

« Si nous supportons tous ces mauvais traitements avec joie et amour, bénissant Dieu qui nous fait participer aux souffrances et aux humiliations de Notre-Seigneur Jésus-Christ; crois-le bien, frère Léon, chère petite brebis du bon Dieu, c'est vraiment là que se trouve la joie parfaite » (Fioretti).

LA SOCIÉTÉ ACTUELLE

Nous avons essayé de tracer quelques-unes des conditions où la vie du corps et de l'âme peut puiser les éléments de son harmonie, de sa force, de sa beauté.

L'infini étant la source et le but du fini, la vie de l'âme doit primer celle du corps, et, dans toute existence bien conduite, Dieu doit nécessairement tenir la grande, la principale place, à laquelle se surbordonnent toutes les relations secondaires.

Avant d'examirer les moyens positifs qu'a l'âme de se relier à Dieu, souverain terme de toute aspiration humaine, il ne sera pas inutile peut-être de jeter un coup d'œil rapide sur l'état actuel des esprits. Pour guérir une plaie, il convient tout d'abord de la sonder et de l'étaler au grand jour.

Ce qui caractérise notre siècle, peut-on dire, c'est le culte insensé de la matière.

La science a pris un essor si rapide, elle a dérobé aux entrailles de la nature de si merveilleux secrets, elle est arrivée à une connaissance si précise de l'organisation et des lois intimes de la matière, qu'elle s'est comme enivrée de ses découvertes, elle a cru trouver dans la connaissance du jeu des fonctions le pourquoi de la vie, et dans le perfectionnement spontané et successif de l'echelle des êtres, le secret de l'existence de l'homme.

Tout phénomène dit surnaturel, c'est-à-dire ne tombant pas sous l'analyse des sens ou d'une raison qui n'admet pas de nature supérieure à la nature humaine, elle l'a impitoyablement rejeté ; et du panthéisme absurbe elle est tombée, de chute en chute, jusqu'au matérialisme et à l'athéisme le plus abjet, le plus dégradant.

Elle a tout arraché du ciel et du monde invisible, selon l'expression de Clement d'Alexandrie, pour le faire descendre sur la terre, *palpant de ses mains la pierre et l'arbre* (Platon), et le doigt placé sur la créature sensible, elle n'a accordé l'existence qu'à ce qu'elle a pu saisir et manier.

Le matérialisme infiltré dans les esprits par les hommes de science, a pénétré d'abord la partie dite éclairée de la société ; puis le peuple, dont il flattait les passions, n'a pas tardé à l'acclamer avec une aveugle énergie.

Lorsque 89 a éclaté, une philosophie égarée s'était depuis longtemps donnée la tâche de démolir toute croyance divine, de saper tout respect moral. De là le déchaînement terrible des instincts brutaux, surexcités outre mesure ; de là aussi l'empreinte matérielle que nos pères, acteurs du drame sanglant, nous ont transmise.

Le bouleversement épouvantable produit alors dans l'ordre social, le désordre matériel parvenu un instant à ses dernières limites, n'étaient que l'image du chaos qui régnait dans les esprits. Ne s'était-on pas imaginé que la lumière et la liberté faisaient leur première apparition dans le monde!

Un calme superficiel et apparent a succédé à ces affreuses convulsions, mais l'œuvre de destruction se continue. Une philosophie et une science malsaines multiplient leurs efforts; l'université s'étudie à dépouiller l'enfant lui-même des saines croyances ; elle dessèche son cœur et fausse sa conscience, sans même savoir emprunter aux païens, ses maîtres, cette intelligente culture du corps qu'ils avaient en honneur.

J'en prends à témoin tous ceux qui ont subi cette éducation homicide, et ont dû ensuite lutter désespérément contre l'atteinte fâcheuse portée à leur corps et à leur âme ! Aussi le cachet dominant de notre époque est-il une incrédulité railleuse pour tout ce qui n'est pas science, industrie, matière. C'est ce qu'on appelle le *positif* glorifié, et l'*idéal* tourné en dérision ; c'est l'or devenu le mobile de toute existence, le but de toute aspiration ; ce sont les satisfactions matérielles recherchées sans autres limites que les forces du corps. C'est vraiment la destruction universelle perpétrée par l'homme, qui commence par se détruire lui-même, corps et âme.

Quels sont les résultats manifestes et fatals de cette lamentable aberration des esprits ?

Je ne saurais mieux faire que d'emprunter au père Ventura l'émouvant tableau de nos misères physiques et morales.

« Ah ! l'homme en se séparant de Dieu a fait une horrible chute : il est tombé en lui-même ;

incidit in semetipsum, comme disait saint Augustin. Son intelligence s'est obscurcie, son sens moral s'est altéré ; il n'a plus d'intérêt que pour la vie matérielle, plus de goût que pour le crime, plus d'instinct que pour la destruction. Il n'achève une ruine que pour en commencer une autre. Tout ce qui est, tout ce qui a été, lui est devenu insupportable. Dieu l'effraie, la religion le désole, l'ordre le fatigue, l'autorité lui est odieuse, même sous la forme qu'il lui a donnée lui-même. La société elle-même lui paraît un malheur ou un anachronisme. Le voilà donc en train de détruire tout cela pour le refaire ensuite à son image, au moule de son délire, de ses caprices, de ses passions.

« En attendant, les crimes augmentent toujours et les malheurs aussi. La constitution morale de l'homme s'abrutit, de même que sa constitution physique s'affaisse ; les corps se dégradent aussi profondément que les âmes ; tout est pourriture et gangrène. En attendant, l'ordre chancelle, l'autorité tombe, le bonheur matériel même s'évanouit; tous les liens se relâchent, toutes les institutions se décomposent, tout s'ébranle, tout croule. L'ordre de foi, tombé en ruine sous les coups de la raison en démence, menace d'entraîner avec lui l'ordre civil, l'ordre politique, l'ordre social ; de sorte qu'on en est réduit à se demander en tremblant : pour combien de temps aurons-nous encore de la société ? »

On ne peut nier que l'édifice social tout entier chancelle sous l'inconcevable dévergondage des idées. La population cesse de s'accroître, stérilisée par le plus détestable égoïsme. Au relâchement des mœurs succède l'indifférence, la caducité morale, l'oubli des sentiments jeunes et enthousiastes et du généreux patriotisme.

La matière ne peut être régie que par la force matérielle ; aux nations matérialistes il faut, de toute nécessité, la domination du sabre. A mesure que s'obscurcit dans les cœurs la notion des imprescriptibles lois divines, la conscience publique tombe dans les plus révoltantes aberrations. Les nations faibles sont violemment écrasées et détruites ; on se partage ces lambeaux vivants et le cri de douleur des opprimés, des torturés réveille à peine quelque lointain écho dans les cœurs lâchement endormis.

Abaissement physique et moral, ruine de tout

bonheur, même matériel, inévitable décadence : voilà ce que produit fatalement le matérialisme.

De remède il n'en est qu'un : le retour complet à la foi. « La foi se frayant un passage à travers les sensations, laisse derrière elle l'opinion, se précipite vers la vérité et s'assied dans sa lumière » (STROMATES).

Le catholicisme est la racine, la tige et la fleur de toute vie individuelle et sociale ; à cette vivifiante sève appartiennent tous les fruits espérés de l'avenir. Toute existence souffrante et menacée ne peut se retremper, se renouveler qu'aux pieds de Celui dont le nom est *Sauveur*.

LA FOI

La foi est la croyance complète et absolue à tout ce qui a été révélé par opération divine.

Le terme proposé à l'homme pour l'accomplissement de sa destinée est trop élevé pour que la faiblesse de son esprit puisse le concevoir. Il était dès lors nécessaire qu'il lui fût enseigné par Dieu ; et c'est la croyance à ces vérités révélées qui constitue à proprement dire la foi.

« La science, dit Clément d'Alexandrie, est un état démonstratif. La foi, au contraire, est une grâce toute spéciale qui nous élève des choses où la démonstration est impossible vers le principe simple, universel, qui n'est point attaché à la matière, qui n'est point caché sous la matière, qui n'est point la matière elle-même. »

La foi, qui est la santé de l'âme se transmet comme un don héréditaire : une éducation mauvaise ou relâchée et l'abandon de la pratique, laissent s'altérer et se perdre la foi ; mais elle peut toujours se recouvrer avec l'aide de la grâce.

Croire est l'attribut d'un esprit robuste ; c'est un acte de vigoureux élan, véritable résurrection de l'âme, qui nous dégage à jamais des liens de la matière et de la mort.

Magnarum vigor est mentium ea credere quae oculorum non videntur intuitu (S. Léon).

Comment peut s'opérer cette résurrection de l'âme quand la foi s'est éteinte en nous ?

Il faut d'abord revenir à la pure simplicité du cœur : *Si vous ne devenez semblables aux enfants, vous n'entrerez point dans le royaume du ciel.*

Puis il faut chercher la foi où elle se trouve.

Il est des milieux dont les émanations morales sont souverainement délétères ; il s'en dégage de véritables miasmes qui vicient et corrompent l'âme. Celui qui cherche la voie et la vie doit fuir ces foyers empestés ; il doit se retremper au salutaire contact des cœurs et des lieux tout pénétrés de foi.

Entrer dans une église est un acte bien simple et qui peut devenir bien fécond.

Certaines églises sont comme embaumées de la présence du Dieu vivant, comme imprégnées du suave parfum de la prière ; elles nous saisissent d'une irrésistible attraction, soit que leur mystérieux silence nous invite au recueillement et à la méditation, soit que leurs chants inspirés fassent vibrer dans les cœurs assoupis des cordes inconnues ou oubliées, délicieux murmure d'une vie qui s'éveille.

Au moment où se dissipent les ombres de la nuit, où la bruyante industrie humaine reprend son activité, les voûtes de la maison de Dieu s'illuminent de la tremblante lueur de quelques cierges. C'est la messe de l'aurore; c'est la voix vigilante de la prière qui va consacrer au Seigneur les prémices du jour nouveau. Il y a dans ces humbles fidèles dont la première pensée est pour Dieu, dans ces cérémonies matinales je ne sais quel charme qui s'infiltre jusqu'à l'âme, comme un joyeux et tendre appel, et plus d'un cœur desséché au contact du monde, se sentant renaître à la vie dans cette atmosphère rafraîchissante, a pu se dire : en vérité, Dieu est ici, et je l'ignorais!

Et puis est-il possible de lire la vie de ces glorieux saints qui ont foulé aux pieds le monde pour l'arroser de leur sang et de leurs larmes, sans qu'une étincelle de leur brûlant amour jaillisse jusqu'à nous, sans qu'un peu de cette divine folie nous enivre de sa contagion ?

Ici il faut dévoiler une étrange faiblesse, une pitoyable inconséquence : que de germes de foi, endormis et non pas arrachés, se réveilleraient au moindre souffle fécondant, si le plus affreux épouvantail, le respect humain, ne venait glacer toute aspiration de ce genre.

On sacrifie sa vie présente et future, et celle de ses enfants peut-être, parce qu'on n'a pas le courage d'affronter une raillerie, un sourire.

Si quelqu'un rougit de moi et de mes paroles, le fils de l'homme aussi, quand il viendra dans sa gloire et celle de son Père et de ses saints Anges, rougira de lui.

De tous les moyens d'obtenir la foi, le plus direct, le plus simple, le plus infaillible, c'est de demander, c'est d'adresser à son Père céleste une prière toujours entendue... Prier, c'est faire un acte de foi, fécond comme tous les actes. Dieu, dans son inépuisable bonté, n'a jamais refusé à qui l'implore ce mystérieux don de la grâce, *cette pluie divine de l'Esprit-Saint* entrée complètement dans nos cœurs pour les illuminer, les sanctifier, et nous rendre co-participants de la nature divine.

LA PRATIQUE RELIGIEUSE

LE VERBE, PRIÈRE ET SACREMENTS

La foi sans les œuvres est morte en elle-même.

Quelles sont donc ces *œuvres* qui constituent les éléments de la vivification de l'âme?

Ce sont la prière et les sacrements, comme élément principal, et accessoirement les œuvres de miséricorde et les macérations corporelles.

Ici je voudrais essayer de dire quelques mots de l'inénarrable vertu du Verbe de Dieu et de son reflet : la parole de l'homme.

J'ouvre l'Ancient Testament à sa première page, et je lis l'œuvre des six jours.

Dieu dit : que la lumière soit, et la lumière fut.

C'est à dire qu'à une *parole* de Dieu la lumière est.

Le firmament, les astres, les plantes, les animaux, l'homme apparaissent et, pour chacune de ces formations, Dieu ne se borne pas à vouloir ;

il *prononce* chaque fois sa volonté, de sorte que l'acte créateur procède expressément de son verbe.

Au commencement était le verbe et le verbe était en Dieu et le verbe était Dieu.

Il était au commencement en Dieu.

Toutes choses ont été faites par lui et rien de ce qui a été fait n'a été fait sans lui.

Ainsi le monde entier n'est, pour ainsi dire, qu'une parole de Dieu cristallisée.

Mais l'homme a été formé à l'image de Dieu : *ad imaginem similitudinis suae fecit illum.* De tous les êtres de la création l'homme seul possède, comme Dieu, le merveilleux attribut de la parole. Il peut faire vibrer l'instrument avec lequel Dieu a créé le monde ; il peut prononcer le saint nom de Dieu, principe de toutes choses, le verbe lui-même.

Ce nom de Dieu n'est jamais invoqué ni prononcé en vain ; devant lui tout s'incline sur la terre comme au ciel. *Omne genu flectatur cœlestium, terrestrium et infernorum.*

C'est au nom de Dieu, du Père, du Fils et du Saint-Esprit, que l'Eglise accomplit tous ses actes, dispense toutes ses bénédictions.

Partout, dans l'Ancien comme dans le Nouveau Testament, on voit le nom de Dieu considéré comme le principe même de toute puissance.

L'homme, disposant de la parole et pouvant prononcer le saint nom de Dieu, dispose, par cela même, d'une parcelle de la puissance créatrice, parce que le nom de Dieu invoqué et prononcé produit des effets qu'on peut appeler créateurs.

N'est-ce pas essentiellement par des paroles prononcées, par le nom du Père, du Fils et du Saint-Esprit invoqué et articulé, que l'Eglise crée un chrétien par le sacrement de Baptême, un prêtre par le sacrement de l'Ordre, second baptême ? N'est-ce pas essentiellement par la prononciation des paroles mêmes qu'à prononcées Notre-Seigneur, lorsqu'il a opéré le changement du pain et du vin en son corps et en son sang, que s'opère encore aujourd'hui, au saint sacrifice de la messe, la consécration, c'est-à-dire le changement du pain et du vin au corps et au sang de Jésus-Christ ? — N'est-ce pas en des paroles *articulées* que réside la partie essentielle des autres sacrements : Pénitence, Mariage, Confirmation, Extrême-Onction ?

Accedit verbum et fit sacramentum (S. Augustin).

La parole de l'Eglise lie et délie sur la terre et dans le ciel.

Et remarquons que *l'articulation* précise de cette parole est indispensable pour la perpétration de l'acte, parce que Dieu a lui-même *prononcé* sa volonté en créant le monde.

Nous comprendrons dès lors la merveilleuse efficacité de la prière.

C'est parce qu'il a reçu le don de la parole, c'est parce qu'il peut prononcer le saint nom de Dieu que l'homme peut prier.

La prière a un double effet : elle nous sert à obtenir les grâces dont nous avons besoin, et, en outre, elle est par elle-même un des éléments substantiels de la vivification de l'âme.

La prière nous sert à obtenir les grâces dont nous avons besoin.

Tout ce que vous demanderez avec foi dans la prière, vous sera accordé.

C'est la clef du ciel, dit saint Agustin, car, à mesure que monte la prière, descend la miséricorde de Dieu. Si basse que soit la terre, si haut que soit le ciel, la parole de l'homme monte jusqu'à Dieu.

Saint Chrysostôme est plus explicite encore : il n'y a rien de plus puissant qu'un homme qui prie, dit-il, parce qu'il se rend participant de la puissance de Dieu.

L'homme incessamment en proie à la douleur et aux privations s'adresse donc à l'infinie bonté, et lui demande ce dont il à besoin. Aussi la prière est-elle la consolation la plus efficace, la plus certaine, la plus immédiate que nous puissions trouver ici-bas.

La prière a encore une autre vertu : c'est le levier qui soulève l'âme, c'est le feu qui l'embrase d'amour, c'est le pur aliment de sa vivification.

La prière est mentale ou vocale. — La prière mentale est une prière pensée, un élan muet d'aspiration que l'âme fait jaillir jusqu'à Dieu.

Mais *articuler* une prière, la *prononcer*, c'est faire usage de la force créatrice elle-même, du verbe.

C'est à la vibration de la prière articulée que l'âme s'éveille, se dégage peu à peu de la domination pesante de la matière ; qu'elle renaît à la vie nouvelle et reconquiert de merveilleuses facultés, réminiscence de sa céleste origine.

Aussi la prière vocale est-elle une des pratiques fondamentales de toute vie religieuse, le véritable instrument de la vie parfaite.

Les ordres religieux lui consacrent une grande partie de la journée et de la nuit, et leurs longues et monotones psalmodies seraient incompréhensibles si on ne connaissait les puissants effets de la prière articulée.

Cette répétition incessante du nom sacré de Dieu, du nom des Anges et des Saints, devient comme le marteau dont les coups répétés brisent l'écorce grossière de l'âme et mettent à nu la divine semence.

Une autre source intarrissable de vivification, ce sont les sacrements, surtout celui de l'Eucharistie. Alors l'âme, lavée de ses souillures, se nourrit du Verbe incarné lui-même ; elle est pénétrée de sa vie divine, elle devient participante à sa vie divine : *Vivo ego jam non ego ; vivit vero in me Christus.*

Outre leurs effets sur l'âme, le sacrement de l'Eucharistie et celui de l'Extrême-Onction peuvent agir sur le corps pour le réconforter merveilleusement, le guérir même, comme cette femme qui fut guérie instantanément par le simple contact de la frange du manteau de Notre-Seigneur.

Dans un ordre de choses inférieur, nous retrouvons encore les étonnants effets de la parole humaine. Telles sont, par exemple, la bénédiction et la malédiction, actes qui retentissent dans le présent et dans l'avenir.

Quand Isaac bénit Jacob, croyant bénir Esaü, il ne tarde pas à reconnaître et à déplorer son erreur ; mais il ne songe nullement à retirer la bénédiction qui lui a été dérobée : *benedixi ei et erit benedictus*.

N'as-tu donc qu'une bénédiction, lui dit Esaü en pleurant. Isaac alors lui attribue les biens de la terre ; mais il restera, lui et sa race, asservi à ses frères, parce que cette bénédiction a été prononcée sur Jacob.

On retrouve dans les livres sacrés cette croyance que la bénédiction ni la malédiction ne peuvent être retirées, même par ceux qui l'ont dite au nom de Dieu, tant l'articulation de certaines paroles a de force.

Quant à la malédiction, on voit, à chaque instant, le résultat même matériel qu'elle produit.

Lorsque de jeunes enfants se moquent d'Elisée montant à Bethel et l'accompagnent de leurs huées, le prophète les maudit au nom de Dieu ; *maledixit eis in nomine Dei.* Au même instant sortent des bois deux ours qui déchirent quarante-deux de ces enfants.

Invoquer et articuler le nom de Dieu est donc l'acte le plus immense, le plus incommensurable que puisse faire l'homme.

Jurer ce nom trois fois saint est le plus abominable sacrilége, la plus monstrueuse profanation. *Non assumes nomen Domini* (Exode, XX, 7). — *Non perjurabis in nomine meo ; nec pollues nomen Domini* (Lévitique, XIX, 22).

Tel est le merveilleux et surnaturel effet que peut produire la parole humaine ; — telle est action qu'exercent sur l'âme la prière est les sacrements.

Pour faciliter et exalter cet action, nous allons voir les ascètes et les saints ne pas craindre de soumettre et dompter leur corps jusque dans ses plus légitimes aspirations ; et le résultat de ces étranges pratiques ascétiques mettra en lumière, pour les plus incrédules, l'étonnante puissance qu'acquiert l'âme devenue vivante. Le corps lui-même ne sera plus soumis à quelques-unes des lois qui régissent la matière, et il entrera dans un état nouveau, prélude de la gloire dont il jouira dans le Ciel, au jour de la résurrection.

L'ASCÉTISME ET LA SAINTETÉ

Si quelqu'un vient à moi et qu'il ne laisse pas son père, sa mère, sa femme, ses enfants, ses frères, ses sœurs et sa propre vie, il ne peut être mon disciple.

C'est ce précepte que pratiquent, dans toute sa rigoureuse acception, les ordres religieux, qui renoncent à tout, à leur vie même, pour acquérir le plus sûrement la vie bienheureuse.

Au moment où la jeunesse met en ébullition dans les veines sa sève folle et impétueuse, il est des natures d'élite que ne grisent pas les chaudes effluves que dégage alors la vie. Ils mesurent d'un coup d'œil sûr la misère et le vide de ses éblouissements passagers, et, prenant leur cœur à deux mains, ils l'arrachent au desséchant contact du monde pour le tremper dans le sang du Christ. Ils revêtent la robe de bure, livrée du pauvre, et font de leur chair un vivant marche-pied pour gravir la voie étroite. Ce n'est plus le corps qui traîne l'esprit, c'est l'esprit qui porte et soulève la chair

Abstinences, jeunes, veilles, privations et macérations de toutes sortes, la volonté brisée, l'obéissance pratiquée sans réserve, la chasteté en esprit et en vérité, telle est la brillante couronne dont ils se font une auréole.

Rien de plus étonnant que la *vie ascétique,* vie qui semble absolument contre nature, tandis qu'elle est en réalité la vie vraie et parfaite dans toute sa merveilleuse intensité.

A certaines époques on voit cette étrange folie de la croix pénétrer les masses elles-mêmes d'une irrésistible et glorieuse contagion.

La Thébaïde devient le centre et comme le berceau de l'ascétisme chrétien, et ce sont des milliers et des milliers d'hommes qui se précipitent au désert sur les pas de saint Antoine, se ruant sur les souffrances et les privations comme d'autres sur les jouissances et les voluptés.

Les ordres religieux ne tardent pas à constituer une immense famille dont les enfants couvrent la terre. Ils protégent et sauvent la civilisation à chaque instant menacée par le flot toujours grondant de la barbarie.

Infirmiers du corps et de l'âme, ils vont par

le monde, servant les pauvres et les malades et prêchant la parole de Dieu. Leurs puissantes prières retentissent jour et nuit, pour le salut du genre humain ; jour et nuit, leurs mains s'élèvent pour détourner le courroux céleste des nations avilies et corrompues.

Si nous examinons la vie ascétique chez ceux qui l'ont poussée à ses dernières limites, comme l'ont fait la plupart des saints, nous voyons que ce qui la constitue, ce sont :

Les macérations corporelles les plus incroyables, les passions mauvaises impitoyablement terrassées, les œuvres de miséricorde arrivées à ce degré suprême où l'on offre, pour le bonheur d'autrui, ses humiliations, ses souffrances, son sang, sa vie. C'est encore la prière, si continue qu'elle devient comme la *respiration de l'âme ;* et l'amour, si exalté, qu'il constitue vraiment le principe même de la vie.

En fait de macérations, ils s'adressent à toutes les exigences les plus impérieuses du corps pour les réduire à la plus dure et la plus inflexible des servitudes.

La nourriture animale est supprimée sans restriction : du pain, des fruits, du lait, du miel, quelques légumes grossièrement apprêtés, deviennent la base de l'alimentation.

Les uns ne mangent qu'une fois par jour ; d'autres arrivent à ne manger que tous les deux ou trois jours.

Saint Joseph de Cupertino faisait dans l'année sept carêmes de quarante jours, et, pendant tout ce temps, il ne mangeait que le dimanche et le jeudi.

L'eau est la seule boisson qu'ils se permettent ; ils ont soin, bien souvent de la choisir saumâtre et désagréable et de la faire attendre longtemps à leurs lèvres desséchées.

Le sommeil, cet autre besoin si invincible, ils le réduisent, comme durée, aux dernières limites du possible et ne se le permettent que par terre, sur des nattes ou sur des planches. Quelques-uns ne dorment que dans les positions les plus incommodes, la tête appuyée sur une corde ou sur un pieu fiché dans le mur, comme saint Pierre d'Alcantara.

Sainte Rose de Lima a pour lit pendant quinze ans les débris de pots cassés, et elle ne peut s'empêcher de frémir chaque fois que lui revient la pensée des tortures qu'elle a endurées sur cette couche cruelle.

A ces impitoyables austérités, qui ne leur paraissent pas suffisantes, les Ascètes et les Saints ajoutent des souffrances corporelles variées qu'ils s'infligent volontairement. Ils meurtrissent et déchirent leur chair innocente par des flagellations, des cilices, des couronnes et des bracelets garnis de pointes de fer. De glorieuses plaies laissent exhaler leur sang dont chaque goutte est certainement comptée et recueillie par Dieu. Ce sang versé, ils l'affectent au rachat de leurs propres péchés et de ceux des vivants et des morts.

« Un jour viendra, dit le P. Lacordaire parlant de saint Dominique qui, trois fois par jour, mêlait son sang à ses prières, — un jour viendra où, en présence du ciel et de la terre, les anges de Dieu apporteront sur l'autel du jugement deux coupes remplies; une main irrécusable les pèsera toutes deux et il sera connu à la gloire éternelle des Saints, que chaque goutte de sang donné par l'amour en a sauvé des flots. »

Après ces cruelles austérités corporelles, la mortification des passions est le grand art des ascètes et des saints. Ils s'imposent le silence et s'étudient à briser les derniers tressaillements de l'orgueil. Ils boivent les outrages et les humiliations comme le plus délicieux breuvage, renoncent à leur volonté pour pratiquer la plus stricte obéissance et se consacrent aux pauvres et aux malades devenus pour eux les propres membres de Jésus-Christ.

Mais tous les maîtres de la vie spirituelle ont grand soin de recommander, comme la première des règles, de dompter le corps sans le détruire. La *discrétion* est, au dire de saint Antoine, patron des solitaires et des ascètes, la première des vertus, parce qu'une sage mesure en toutes choses, même dans le bien, est la condition de toute réussite et de toute constance dans la voie ardue de la perfection.

Ces effroyables macérations, dont j'adoucis singulièrement le tableau, semblent dépasser les bornes de la capacité humaine, et il serait incompréhensible en effet que le corps pût y résister si on ne savait à quel degré d'exaltation, de surnaturalisation, la vie peut arriver sous l'influence de certaines pratiques religieuses, et surtout de la prière passée à l'état continu.

Tous ceux qui ont parcouru la sublime voie

de l'ascétisme et de la sainteté priaient en effet, jour et nuit, on peut le dire ; car le sommeil même ne détachait pas complètement leur âme de son ascension continue vers Dieu.

Aux longues prières vocales succèdent la prière non formulée et jaculatoire, et cette simple élévation des mains vers le ciel, si puissante si efficace, comme nous l'apprend la Bible.

Lorsque Amalec attaque le peuple de Dieu en Raphidim.

Quand Moïse élevait les mains, Israël triomphait ; mais, qnand il les abaissait, Amalec l'emportait.

Or les mains de Moïse s'appesantissaient ; ils prirent donc une pierre et la mirent sous lui. Il s'assit et Aaron et Hur soutenaient ses mains des deux côtés, et il arriva que les mains ne se lassèrent point jusqu'au soleil couchant, et Josué mit en fuite Amalec et son peuple par le tranchant du glaive.

Saint Antoine le grand, le Solitaire, consacrait ordinairement à la prière toutes ses nuits, ne donnant au repos que deux ou trois heures. Il priait à peu près toujours les bras étendus et élevés. La plus excellente orais. n était, à son jugement, celle d'un religieux ascète qui arrive à un état de contemplation tellement au-dessus des sens, qu'il ne connaît plus, qu'il ne s'aperçoit même plus qu'il prie (Thébaide chrétienne).

Saint Arsène passait des nuits entières dans l'exercice de la prière. Le samedi matin il se mettait en oraison la face tournée à l'orient, les bras élevés vers le ciel. Le soleil se couchait derrière lui et il priait, sans changer de position, jusqu'à ce que les premiers rayons du soleil levant vinssent frapper ses yeux.

Sainte Rose de Lima se mettait en prière le vendredi, et la continuait sans interruption jusqu'au samedi ou au dimanche.

Mais les citations de ce genre deviennent impossibles ; car tous les saints, sans exception, ont consacré à la prière la plus grande partie de leur vie.

Quels sont les résultats de ces pratiques ascétiques? ils sont étranges, surnaturels et cependant irrécusables ; car toutes les canonisations des saints ne sont faites que sur la production et après l'examen minutieux et approfondi de document sans nombre et d'une authenticité à toute épreuve.

Les résultats sont des phénomènes corporels et spirituels; il suffira de citer quelques-uns des plus saillants.

Le corps vivifié n'est plus absolument soumis aux lois qui régisssent la matière organique; l'âme devient de plus en plus indépendante et alors apparaît cette existence merveilleuse et presque immatérielle des saints.

Les jeûnes étonnants qu'ils supportent sont déjà un phénomène tout spirituel. Leur chair se transforme, se transfigure, se surnaturalise. Les maladies qui surviennent se guérissent en dehors de toutes les voies connues et déroutent, dans leur marche et leurs phénomènes, les prévisions de la science. Le corps acquiert une souplesse et une agilité quelquefois incroyables. Il est marqué de divins stigmates, favorisé du don des larmes; il exhale une odeur pénétrante et délicieuse qui se répand au loin et imprègne les objets qui sont mis en contact avec lui, et cette bonne odeur persiste même après la mort.

De là cette expression consacrée : mourir en odeur de sainteté. La putréfaction elle-même n'a pas lieu et le corps, ou certaines parties du corps, restent incorruptibles.

Nous pouvons tous voir, à l'heure qu'il est, des corps de saints demeurés intacts depuis des siècles.

C'est cet état particulier du corps, tout pénétré d'âme, qui explique l'efficacité des *Reliques*, c'est-à-dire de parcelles du corps des saints ou d'objets les ayant touchés, lesquels restent à jamais imprégnés de leurs vertus.

On sait qu'un des phénomènes les plus fréquents de la sainteté, c'est l'extase ; c'est-à-dire un état particulier pendant lequel le corps reste insensible aux agents extérieurs. L'âme semble s'être affranchie momentanément des entraves de son enveloppe mortelle, pour visiter et parcourir de mystérieuses régions, entrer en colloque avec les saints et avec Notre-Seigneur lui-même.

On ne peut aussi douter que des saints n'aient été enlevés corporellement à une certaine distance de terre. Il nous suffira de citer saint François d'Assise, saint Pierre d'Alcantara, sainte Colette, saint Joseph de Cupertino, saint Dominique et tant d'autres. Outre ces phénomènes relatifs au corps, on voit souvent, chez les saints, des phénomènes spirituels non moins merveilleux : les visions, la prévision de l'avenir, la connaissance des cœurs, la puissance de consolation, la guérison surnaturelle des maladies et même la résurrection des morts.

Saint François Xavier et d'autres prêchent la parole de Dieu dans des langues qu'ils n'ont jamais apprises.

Enfin les saints acquièrent le don des *Miracles*.

Tout cela est rapporté dans des documents historiques d'une authencité irrécusable, et se continue d'ailleurs de nos jours.

Ce qui est la racine et on peut dire l'essence même de la vie de tous les saints, c'est *l'amour*.

Vous aimerez de tout votre cœur, de toute votre âme, de tout votre esprit le Seigneur votre Dieu.

C'est là le grand et le premier commandement (MATH., XXII, 37, 38).

Celui qui n'aime point, ne connait point Dieu, parce que Dieu est tout amour (JOAN., apost., 1°, IV, 8).

Aussi l'amour des saints devient-il sans limites, infini, dévorant, consumant, poussé jusqu'à la liquéfaction du cœur, selon l'expression mystique.

C'est un amour qui brûle et incendie, qui engendre une flamme inextinguible. *Il faut brûler le vieil homme*, disaient les anciens maîtres de la vie spirituelle, et cette expression ne doit pas être prise absolument au figuré, non plus que la qualification de feu que l'on donne communément à l'amour.

Vos batizabit in Spiritu Sancto et igne (MATH., III, 11).

Etenim Deus noster ignis consumens est (Ad Hebr., XII*)*.

Ignem veni mittere in terram (LUC., XII*)*.

Ignem manducandum et bibendum dedit nobis Dominus (S. EPHREM).

Ce feu, figuré, symboliquement par la lampe qui brûle nuit et jour au pied des autels, est celui qui consumait les saints spirituellement et même corporellement.

Saint Philippe de Néri était souvent obligé, au milieu de l'hiver, de rafraîchir, en l'exposant à l'air glacial, sa poitrine embrasée.

On ne pouvait tenir la main sur le cœur de saint Colombin de Sienne, tant cette région était brûlante.

Le capucin Jérôme de Nami consumait les linges qui touchaient son cœur.

Lorsque sainte Catherine de Gênes plongeait ses mains dans de l'eau froide, elle devenait bouillante comme si elle y eût trempé un fer chaud.

Lorsque le corps est ainsi consumé d'amour, cette flamme réelle dont est imprégné tout l'être, finit par devenir visible, comme jaillissant au dehors. Elle ruisselle autour de la face qu'elle rend lumineuse, et constitue cette auréole qui a été vue autour de la tête d'un si grand nombre de Saints, et que reproduisent traditionnellement tous les peintres.

C'est cette flamme qui, au dire du diacre Pélage, rendait les doigts de l'abbé Joseph brillants comme autant de lampes allumées lorsqu'il élevait les mains au ciel pour prier.

Les doigts de sainte Colombe devenaient également lumineux lorsqu'elle élevait les mains, et l'archevêque de Raguse ayant saisi, pour la baiser, la main de saint Philippe de Néri, la vit briller comme un rayon de soleil.

Saint François d'Assise ayant un jour invité sainte Claire et ses sœurs à venir dîner à Sainte-

Marie-des-Anges, le saint, au lieu de manger, se mit à parler de Dieu d'une manière si suave et si entrainante que lui-même, puis sainte Claire, ses compagnes et les Frères mineurs furent ravis en extase. Le couvent et la forêt voisine apparurent alors comme tout en flammes et les gens d'Assise accoururent en foule croyant à un incendie, Mais ce n'était qu'un incendie d'amour, une flamme divine comme celle du buisson ardent.

Cette flamme spirituelle peut persister même après la mort. Tel fut le corps de sainte Cunégonde, qui resta, pendant trente jours, lumineux de la tête à la poitrine, tandis que des étincelles sortaient des débris d'une parure de perles qu'elle avait conservée.

Nous voilà arrivés bien haut, bien haut, au plus haut degré de l'échelle, à la sainteté.

Entre l'homme brutalement et stupidement matériel et le saint, il y a de nombreux degrés, et chaque jour nous pouvons descendre ou monter quelqu'un de ces degrés.

L'homme est *le temple de Dieu, — nescitis quia templum Dei estis !* (ad Cor., 1ª III, 16) ; il doit se considérer comme un vase sacré, se respecter, se vivifier sans cesse dans son corps et son âme.

Toute régénération sociale doit commencer par la régénération individuelle, parce que chaque branche isolée se réunit ensuite en un puissant et indestructible faisceau.

Toute régénération individuelle doit procéder de l'intérieur à l'extérieur, de l'âme au corps, parce que de la santé et de la beauté de l'âme découlent la santé et la beauté du corps, sinon immédiatement, du moins après quelques générations.

La source de la santé de l'âme est dans le catholicisme, dans les admirables prescriptions de l'Eglise qui soutiennent et dirigent l'homme jusque dans les plus minutieux détails de la vie.

Le catholicisme seul est la voie qui conduit au bonheur individuel et collectif, à celui des individus et à celui des peuples, au bonheur même matériel.

Il réalise, dans sa plus large et plus magnifique acception, cette sublime idée de l'entente et de la fusion des peuples, absolument irréalisable en dehors de lui.

Il embrasse, dans son étreinte puissante, non seulement l'humanité qui vit sur la terre, mais encore les êtres qui nous ont précédés dans la vie, et ceux qui nous suivront.

Rien de plus idéalement beau que cette *communion des fidèles* sur la terre et dans le ciel, qui relie, comme les anneaux d'une seule chaîne, ceux qui luttent sur la terre, ceux qui souffrent dans le purgatoire et ceux qui triomphent dans le ciel. La vie prend des proportions infinies et ceux que nous aimons, lorqu'ils nous quittent, ne font plus que nous précéder et nous attendre.

« Quel superbe tableau, s'écrie le comte J. de Maistre, que celui de cette immense cité des esprits, avec ses trois ordres toujours en rapport. Le monde qui *combat*, présente une main au monde qui *souffre*, et saisit de l'autre celle du monde qui *triomphe*. L'action de grâces, la prière, la satisfaction, les secours, la foi, l'espérance et l'amour circulent de l'un à l'autre comme des fleuves bienfaisants. Rien n'est isolé, et les esprits, comme les lames d'un faisceau aimanté, jouissent de leurs propres forces et de celles de tous les autres. »

Vivons donc de la glorieuse vie de l'âme, vivons de la brûlante vie de l'amour, afin que, selon la parole de l'Ecriture, *la vie consume ce qu'il y a de mortel en nous, — ut absorbeatur quod mortale est â vitâ ; — et la mort sera ensevelie dans la victoire.*

PENSÉES DU DOCTEUR

Février 1872.

Il faut que l'âme ait été broyée comme une grappe généreuse, pour qu'il s'en écoule ces sucs délicieux qui enivrent ceux qui y goûtent !

— Les pauvres ont cet immense avantage sur les riches, qu'ils ne tiennent pas à la vie ; les privations de tous les jours les endurcissent, ils n'ont pas pour leurs enfants cette tendresse, je dirai aveugle et désordonnée des heureux de ce monde, qui gâtent leurs enfants au moral et au physique. — Le rude travailleur, le vrai pauvre, qui prévoit pour ses enfants la vie de misère qu'il a menée lui-même, les abandonne vraiment à la volonté de Dieu, qui protége les humbles et les faibles : et je crois que la pauvreté, bien comprise et bien supportée, est préférable à la richesse. Les vrais saints étaient des amants de la pauvreté, qu'ils recherchaient comme d'autres les biens, et maintenant ils nagent dans le sein de l'abondance divine. — Oh ! si l'on savait être pauvre, qu'on pourrait être heureux ! même ici-bas.

— L'homme, la plus parfaite des créatures terrestres par sa conformation physique, leur est supérieur à toutes par son âme qui le relie aux êtres incorporels. Il fait sa nourriture matérielle d'êtres végétaux, animaux, dont la vie organique est inférieure à la sienne, et les transforme corporellement en sa propre substance. Mais l'infinie bonté du Sauveur lui permet, en outre, de se nourrir d'un aliment immatériel, qui est la propre substance de Jésus-Christ. Il se l'assimile, cette nourriture de vie : et non seulement son corps matériel est merveilleusement réconforté, mais son âme aussi est pénétrée de cette nature divine et devient participante à la nature divine. — *Vivo ego, jam non ego, vivit vero in me Christus.* — La communion a une action corporelle et spirituelle.

Hyères, 4 Décembre 1872.

5 Décembre 1867.

Dieu créa le monde par la prononciation d'une parole. Chaque fois que nous prononçons le nom de Dieu en nous-même (Prière) il y a création spirituelle en notre corps — vivification de notre être — matière et âme.

Quand un virtuose, inspiré par quelque merveilleuse mélodie, trouve ces accents étranges qui font palpiter les cœurs les plus indifférents ; — quand il enthousiasme une foule enivrée et lui arrache des larmes, c'est son âme qui jaillit comme un véritable rayon jusqu'à l'âme des auditeurs, faisant vibrer en eux un écho endormi des voix du ciel, entrouvrant à leurs yeux éblouis quelque lambeau du voile qui cache les splendeurs célestes... De là aussi une déperdition énorme de forces, qui use et tue ces natures d'élite...

1868.

Etre vaincu de Dieu ! quelle terrible chose pour celui qui la considère au point de vue humain, et qui, terrassé, gémit sur la ruine de ses humaines espérances ; mais quelle douce chose au point de vue divin ! La main du Père s'appesantit sur l'aveugle et l'orgueilleux qui méconnaît ses avertissements ; s'il résiste, elle le déracine et jonche la terre de ses débris. Mais qu'on s'incline sous l'avertissement salutaire, qu'on adore et baise la main qui vous frappe, et la sève s'élance plus jeune dans les rameaux tordus et brisés ; la vie renaît plus forte, plus sereine, et embaumée d'un nouveau parfum.

Aix, 1869.

De même que c'est en nous-mêmes que sont contenus les vrais éléments de notre bonheur, que les conditions extérieures les plus adverses sont incapables d'altérer, si nous le voulons ; de même, c'est en nous-mêmes qu'existe la beauté et l'amour, et les objets extérieurs ne font que mettre en jeu cet état de notre âme.

Un paysage, une peinture, une œuvre littéraire ou musicale nous ravissent, nous enthousiasment à un moment donné, et nous laisseront absolument froids dans une autre période de notre vie, — parce que l'émotion, la force qui meut est moins dans les œuvres de Dieu ou des hommes que dans nous-mêmes. Les cœurs blasés usés, ne peuvent être touchés par les beautés les plus merveilleuses de la nature ou de l'art — tandis que les circonstances les plus simples, les œuvres les plus modestes, les détails les plus intimes peuvent devenir l'occasion des ravissements et des jouissances les plus ineffables pour le cœur dilaté qui déborde de vie et d'amour.

Février 1873.

On dit d'une chose, d'une action etc. — qu'elle est plate ; c'est une expression métaphorique empruntée aux sensations que provoquent chez nous les lieux plats. — Une plaine, même fort belle, laisse dans l'âme une impression d'affadissement, de lassitude, d'ennui.... tandis que la montagne a un attrait inexprimable et invincible. L'air y est plus vif, plus pur, plus parfumé. Les eaux y sont belles : elles ne croupissent pas et ne deviennent pas infectes comme dans la plaine ; la longévité y est plus grande, pour les plantes comme pour les êtres animés, la vie s'y meut plus librement et avec plus d'intensité. — Dans l'ordre moral, naissent l'enthousiasme, le courage et tout ce qui devient le mobile des actions mâles et robustes. L'âme se sent soulevée, elle aspire aux choses divines, dont elle acquiert comme une notion plus intense et plus pénétrante.

C'est sur les montagnes que Dieu a parlé aux hommes, c'est là qu'ont eu lieu les principales apparitions, que la vie spirituelle a pris son *summum* de développement; c'est dans les hautes montagnes que se retiraient les solitaires... et il est peu de sommets où l'on ne retrouve les traces d'un monastère...

Hyéres, Mai 1873.

On a beau sentir la nécessité et l'avantage des croix... il est rare qu'on aime le bois dont elles sont faites.

Mai 1873.

Il faut plusieurs générations pour faire un homme de génie. Les aptitudes physiques et les aptitudes morales se développent chez tout individu qui emploie des moyens convenables, — et ce qui a été acquis a l'immense avantage de se transmettre. De sorte que la somme des efforts qu'un individu a faits pour sa propre perfection peut paraître stérile ; mais ne l'est pas en réalité, puisque le résultat est utile autant et plus aux enfants qu'à lui-même. — Conserver, fortifier et perfectionner son être physique, c'est travailler à fortifier et perfectionner l'être physique de ses futurs enfants.

Il y a des familles où la force et la beauté physique et la longévité sont de règle, et procèdent de longues années d'une vie bien ordonnée chez les ancêtres.

L'aptitude militaire est incontestablement une affaire de race. Chez les nations comme chez les individus, cette aptitude se développe lorsqu'elle est mise en jeu dans de larges proportions. — Pour faire un peintre, un musicien, un poète... il faut plusieurs générations, et l'éclosion d'un de ces êtres privilégiés qui émeut et transporte l'âme des multitudes, a été préparée par un long travail chez les ancêtres... Pensée bien consolante — l'homme peut et doit toujours travailler à sa propre perfection, et si la réussite ne couronne pas ses efforts, qu'il ne s'en attriste pas... il a travaillé pour ses enfants et ses petits-enfants.

Hyères, 8 Juillet 1873.

Une chose des plus certaines, c'est que si l'on demande à Dieu des croix, par exemple des souffrances morales, des humiliations, etc. on est bien certain d'être exaucé. — Si on lui demande des souffrances physiques, si l'on offre sa vie dans un but d'expiation quelconque, on est bien sûr encore d'être exaucé. — Il faut donc que ces offrandes, ces sacrifices soient bien agréables à Dieu, et qu'ils soient bien méritoires... pour qu'ils soient suivis d'exécution si vite, et, on pourrait presque dire, acceptés avec tant d'empressement !...

Hyères, 27 Mai 1874.

Parmi les tentations qu'eut à subir Notre-Seigneur, n'oublions pas la proposition que lui fit Satan de lui donner la domination du monde, s'il voulait l'adorer. Nous aussi, nous sommes soumis, presque chaque jour, à des tentations de ce genre. A chaque instant, nos intérêts matériels peuvent avoir des exigences que nous devons fouler aux pieds pour peu que la santé de notre âme puisse en être compromise. Nous devons, comme Jésus-Christ, préférer la pauvreté, l'ignominie et la mort aux biens de ce monde, s'il nous faut les acquérir aux dépens de notre salut éternel. « Que sert a l'homme de gagner l'univers s'il vient à perdre son âme ! »

Hyères, 29 Janvier 1875.

Pendant que Notre-Seigneur accomplissait sur cette terre sa mission de salut, revêtu d'un corps mortel, il fut tenté par le démon qui lui offrit le royaume du monde s'il voulait renoncer aux âmes. — Nous aussi, il arrive des moments où nous sommes tentés par le démon, qui nous offre la puissance, le succès, la gloire, la richesse matérielle... mais aux dépens de notre âme. — Souvent les circonstances sont fallacieuses, les prétextes séduisants, la pente facile et glissante... et nous sommes entraînés et perdus, si nous ne tournons pas nos regards vers Jésus-Christ, qui nous donne sa force et sa lumière, comme Il nous a donné son exemple.

Hyères, 19 Mai 1875.

Dans l'église de Betharram, on lit au bas d'une croix : *Lignum vitæ ;* et, à l'opposé, au bas d'un arbre chargé de fruits : *Lignum mortis*. Ainsi la *vie*, dans sa véritable acception, procède, non de la jouissance, mais de la souffrance, de la *croix*.

Quelques jours après, j'entendais un prédicateur à la basilique de Notre-Dame de Lourdes. Il racontait qu'on avait demandé à un saint quel était le meilleur et le plus sûr chemin pour arriver à la perfection en tout. Celui-ci avait répondu : « Il n'y en a qu'un, le chemin de la croix, et encore le chemin de la croix, toujours présent, toujours médité, toujours accepté.

Les croix! mais nous devons les bénir quand elles arrivent, parce que c'est le plus sûr moyen de vivification de notre âme qui puisse nous être donné; c'est le plus pur et le plus solide instrument de la perfection en tout; c'est le plus inestimable don de Dieu — quand nous savons l'apprécier, le comprendre, et surtout nous en servir : *Lignum vitae*.

Hyères, 1 Juin 1876.

Sainte Thérèse disait : *aut pati aut mori*. Saint Jean de la Croix, qui connaissait bien la valeur et la qualité des croix, disait, lui : *Pati et contemni*, souffrir et être méprisé, ne voilà-t-il pas l'idéal d'une croix !

Même date.

Jésus-Christ, dans l'Evangile de la Pentecôte, appelle le démon : *le Prince de ce monde.* C'est lui que suivent tant de gens qui recherchent et aiment avant tout les biens de ce monde.

— Le chemin de la vie, c'est le chemin de la Croix. Jésus-Christ a voulu tomber trois fois en suivant ce chemin, pour nous apprendre qu'il ne faut pas nous décourager si nous aussi, nous faisons des chutes, en suivant cette route pénible. — Si nous sommes écrasés quelquefois par le poids de notre croix, relevons-nous et marchons toujours.

Hyères, 4 Juin 1876.

Notre-Seigneur Jésus-Christ est mort martyrisé et avec effusion de sang. Il nous a appris ainsi de quelles immenses grâces sont favorisées les souffrances et cette mort violente contre lesquelles répugne tant notre nature. C'est dans bien des circonstances, la voie la plus rapide et la plus infaillible pour arriver au ciel. — Un saint, par exemple, pour parvenir à la sainteté, a souvent macéré sa chair innocente pendant de longues et longues années, et cela à toutes les heures du jour et de la nuit. La route a été longue et difficile ; et un autre être arrive aussi haut peut-être, en de rapides instants, s'il est favorisé de la grâce du martyre, s'il le supporte en bénissant et proclamant le nom de Jésus-Christ, et par amour pour Lui.

Saint Boniface, par exemple, était un débauché dans toute l'acception du terme. Il entre dans l'arène où l'on martyrisait des chrétiens. Il est touché, illuminé subitement, et est pris de l'irrésistible désir de les imiter. Il se met à proclamer, lui aussi, le nom de Jésus-Christ. On le saisit, il subit pendant plusieurs jours les plus affreuses tortures avec une fermeté, une joie merveilleuses. Il implore et proclame Notre-Seigneur Jésus-Christ ; et lorsqu'il a enfin la tête tranchée, le voilà passé au rang des bienheureux, et l'Eglise le met au rang des saints.

Tout être ici-bas qui endure des souffrances physiques ou morales, la maladie, la misère, la douleur sous toutes ses formes, peut, lui aussi, devenir un glorieux martyr s'il sait offrir ses souffrances à Dieu, s'il les accepte avec résignation ou mieux avec joie ; s'il a toujours les yeux fixés sur notre adorable Sauveur cloué à une croix ignominieuse, s'il entend les sept Paroles qu'Il prononça alors, s'il ouvre son cœur à la bienfaisante pluie de l'amour et du sacrifice... alors sera accomplie cette parole : « *Hodie mecum eris in Paradiso.* »

Hyères, 5 Octobre 1877.

Honor onus. — Onus honor.

Hyères, 28 Mars 1878.

Nous gémissons sous le poids de nos fautes passées, — de cette vie gaspillée, — de toutes ces humiliations et défaillances qui nous font rougir de la plus cuisante honte... Mais pensons combien Dieu est bon ! Les êtres les plus criminels sont une riche et précieuse moisson pour le Ciel quand ils se convertissent. De là cette œuvre admirable, qu'on ne comprend pas tout d'abord, d'évangéliser non seulement les pauvres, les délaissés, les malheureux, — mais encore les êtres les plus dépravés, ceux qui sont plongés dans l'ignominie, — ceux mêmes qui sont souillés de crimes, les prisonniers, les forçats. — Aussi l'œuvre des Patronages est-elle une œuvre tout à fait agréable à Dieu. Voyez combien Don Bosco es favorisé de dons magnifiques, et protégé visiblement par le Ciel ! — C'est qu'il va dans les rues, les carrefours, les cloaques, les prisons, — il va chercher ces pauvres créatures qui outragent Dieu parce qu'elles ne le connaissent pas — et il en fait des Prêtres... des Prêtres !!

Hyères, 22 Avril 1879.

« Ils ont partagé entre eux mes habits, et ils « ont tiré ma robe au sort.

Toujours cette *Passion*, redoutable image de notre propre vie. Nous aussi, nous avons partagé les habits de ceux que nous aimions, nous les avons tirées au sort ces vénérées reliques de notre Père, de notre Mère, de nos Frères. Nous nous les sommes attribuées avidement, sans crainte de les déchirer et de les mettre en lambeaux — et un jour nos enfants aussi partageront nos vêtements, et les tireront au sort — à moins qu'ils ne deviennent la proie de quelque indifférent, et ne subissent l'outrage de la vente publique. — O adorable chemin de la Croix, modèle de notre vie tout entière, enseignement des enseignements

— où nos pieds se meurtrissent, mais au bout duquel est la vie sans ombre et sans limites.

Ecce lignum crucis,
In quo salus mundi pependit !

Nice, le Vendredi Saint, 27 Mars 1880.

Est-ce que le bonheur découlerait de la richesse, des honneurs, des satisfactions matérielles.. ? Non. Plus une position est élevée, et plus le fardeau devient lourd.

Prenons le sommet : un prince, un ministre, un général, un homme d'état payent chèrement les honneurs et le luxe qui sont leur apanage.

Un manufacturier, un commerçant, un notaire, un médecin... n'achètent le bien-être qu'aux prix d'efforts soutenus et d'une tension constante. — Dans toutes ces positions du sommet, ou moyennes, les soucis, la responsabilité tiennent une place ènorme.

Un patron gagne plus qu'un ouvrier, mais il a plus de responsabilité, plus de préoccupations.

Un ouvrier chargé d'un travail difficile et délicat est retribué plus qu'un manœuvre ; mais ce surcroît de bien-être est acheté par plus de préoccupations et de tension.

Descendons toujours : un pauvre diable qui n'a que ses haillons, et qui demande à la charité publique le pain de chaque jour, n'est certes pas dans une position enviée ; — et cependant il y a, dans cette complète liberté des attaches du monde, un merveilleux élément de tranquilité, de paix profonde, partant de bonheur.

L'âme n'est plus enchaînée par les inextricables et innombrables liens qui lui permettent à peine de vivre de sa véritable vie.

Aussi est-ce dans la pauvreté, dans le détachement des choses du monde, presque dans le dénuement, que les Ordres religieux avides de la perfection, placent l'être qui se confie à eux — et ils lui donnent le bonheur dès cette vie, en attendant le bonheur éternel.

Dures sont les privations matérielles et corporelles, mais plus dures mille fois sont les souffrances qui proviennent des exigences du monde, qui découlent du frottement du monde. — « Heu-
« reux les pauvres d'esprit, parce que le royaume
« du ciel est à eux. « Heureux les pauvres ici-bas, parce qu'ils seront riches là haut.

Nice, 1 Avril 1882.

On se dit : je serai sauvé, j'irai au ciel — très-bien : mais cela ne suffit pas. Il y a, dans le Paradis, des degrés, des hiérarchies. On approche plus ou moins du trône de Dieu. Des êtres pauvres, obscurs, inconnus, méprisés, pendant leur vie mortelle, seront alors resplendissants de beauté et de lumière, contemplant de très-près la Beauté divine : les derniers seront les premiers. — Et d'autres êtres, illustres, riches, et peut-être même considérés par leur piété sur cette terre, seront là-haut à une place moindre : — les premiers seront les derniers.

St-Gervais, 2 juillet 1883.

Quand je vois un mendiant, au coin d'une borne, je me dis : voilà un des heureux de ce monde... sans compter l'autre !

Nice, 31 Octobre 1883.

Si j'avais une discussion religieuse avec un protestant, je me bornerais à ce seul argument : « *Vous n'avez pas de Saints !* » argument d'un poids terrible, et que je trouve irréfutable.

Certes, vous ne voulez pas qu'on prie les Saints,

et vous êtes, ainsi, conséquent avec vous-même : *car vous n'en avez pas, vous ne savez pas en faire*, ce qui est la condamnation sans appel et irrémissible de votre culte sec et froid, écoulement de l'orgueil satanique, qui pense que l'Examen est suffisant pour éclairer l'esprit humain.

Nice, le 2 Janvier 1885.

On regarde comme une marque de faiblesse d'être *crédule*. Mais je suis crédule, moi, et je veux l'être. — Je ne veux pas me défier toujours et toujours de ce qu'on me dit, je veux croire à l'honnêteté ; je veux croire au bien, au beau, à l'idéal, au merveilleux même, et à tout ce qui s'élève et nous élève au-dessus du terre à terre !

Même date.

Le détail ! Cela ne semble rien, et c'est en réalité, d'une importance souveraine. Un général organisera la plus ingénieuse action militaire, et il échouera parce qu'il n'a pas su prévoir quelques circonstances, minimes, mais qui viennent anéantir toutes ses combinaisons. — Par le même motif, un chirurgien échouera dans une opération.

parfaitement conduite peut-être, mais qui pèche par quelques détails négligés ou oubliés. — Il en est de même dans les circonstances ordinaires de la vie : nos meilleures combinaisons auront un résultat négatif parce que, dans l'exécution, on n'a pas prévu les détails.

Cette prévision, cette organisation des petites choses indique un esprit ouvert et un jugement droit. C'est une espèce d'écoulement de l'*ordre* qui tient une si grande place dans la réussite ou non-réussite de toutes les entreprises, petites ou grandes. Tel individu dédaigne ce qu'il appelle les minuties, et il échoue par l'obstacle que lui présentent, à un moment donné, ces pauvres minuties. — J'aime les gens rangés et même minutieux dans l'arrangement des choses matérielles de la vie. Le Père Lacordaire avait toujours sa table de travail dans un ordre parfait : les plumes, les crayons à leur place, tous les papiers bien classés ; et il écrivait avec autant d'élévation que maintes gens qui, sous prétexte d'un laisser-aller *artistique*, font de leur bureau un inextricable fouillis. — L'*ordre* est une chose si parfaite que, dans la vie militaire comme dans la vie monastique, il est mis au rang des devoirs les plus impérieux, et l'on a grandement raison. — Si l'on a de l'ordre dans les choses et les arrangements matériels, on aura de l'ordre dans l'arrangement de ses affaires ; on évitera bien des contestations et des désastres dans l'avenir, et même la ruine. De l'ordre, procède la clarté, la lumière et le repos dans la sécurité.

Nice, le 21 Janvier 1885.

C'est à celui qui est cloué sur une croix, à côté de Lui, que Notre-Seigneur Jésus-Christ dit : « *Hodie eris mecum in Paradiso.* » — C'est un larron, mais le repentir, la Croix, une parole de Notre-Seigneur Jésus-Christ — ou bien une parole du prêtre qui le réprésente — et l'on est sauvé.

Nice, le 21 Janvier 1885.

L'attitude d'un homme, sa pose indiquent assez fidélement l'état de son être moral. On se dit à la simple vue d'un individu : voilà un homme courageux, déterminé, ou modeste, ou timide, etc. Il est certain que l'habitude du corps réflète bien l'état de l'âme.

Par contre, on peut agir sur l'âme en imprimant habituellement au corps certaines attitudes, certaines poses, certaine manière d'être extérieure.

Exemple : qu'un homme se tienne droit, la tête haute, le regard clair, la poitrine en avant... attitude d'un homme résolu et déterminé... il deviendra résolu et déterminé ; et, s'il adopte cette attitude d'une façon habituelle, l'imprégnation de ce caractère pourra avoir lieu chez lui d'une façon durable.

L'attitude militaire qu'on imprime aux conscrits a parfaitement sa raison d'être. On agit non seulement sur leur physique, mais encore sur leur moral.

Il serait facile de donner beaucoup de développement à ces considérations.

Nice, 15 Décembre 1886.

Quand nous *demandons conseil* relativement à une chose que nous sommes indécis de faire ou de ne pas faire, il est à peu près certain que nous sommes inclinés à prendre le mauvais parti, parce que le bon ne nous plaît pas, ou que la faiblesse de notre nature repousse ce qu'il peut avoir de pénible. Alors nous cherchons un encouragement à notre lâcheté en demandant conseil, et nous sommes heureux si l'on nous donne des raisons spécieuses pour ne pas faire ce qui nous repousse, pour prendre la voie que nous trouvons la plus commode et la plus douce.

Erreur ! — Sottise ! — La vérité est une, claire, précise, et le devoir est toujours lumineux lorsqu'on veut bien regarder en face. Notre sens intime, si nous faisons ce que nous sommes appelés à faire, nous récompensera toujours par une immense satisfaction, et il sera inutile qu'on nous dise : Vous avez bien agi. Nous le sentirons et nous le saurons.

Nice, 10 Juin 1887.

Le Calvaire est un sommet : lorsqu'on l'a gravi, on voit de plus haut les choses de la terre. Si l'on est cloué sur la Croix, on s'élève encore, l'horizon s'agrandit merveilleusement. C'est alors qu'on prend en pitié les misères de l'humanité, ses humiliations, ses défaillances. On lève les yeux en haut, et l'on dit comme saint François : *Deus meus et omnia.*

Nice, 17 Septembre 1887.

Il faut secourir les pauvres; mais on peut bien plus les envier que les plaindre.

Nice, 25 Décembre 1888.

Dieu accorde l'argent aux Juifs, peuple maudit ; cela seul prouverait que l'argent n'est déjà pas une si bonne chose.

25 Décembre 1888.

Tout être qui souffre expie... ses fautes ou celles des autres.

25 Décembre 1888.

L'*Ecclésiaste*, chap. IX, v. II, dit : « Je me suis tourné ailleurs, et j'ai vu sous le soleil que le prix de la course n'est pas aux plus vites, la victoire aux forts, le pain aux sages, la richesse aux doctes, la faveur aux habiles ; mais en toutes choses le temps et le hasard font tout. »

On voit des individus magnifiquement doués, qui paraissent avoir tout ce qu'il faut pour réussir en ce monde, et qui ne réussissent pas. Les entreprises les mieux combinées n'aboutissent qu'à des insuccès ou des désastres... D'autres, au contraire, d'intelligence moyenne, moins bien pourvus des qualités du corps et de l'esprit, placés dans des conditions en apparence peu favorables, sont favorisés des chances les plus heureuses.

La *chance*, c'est l'expression consacrée. Un tel a de la chance ! — Pourquoi ? C'est qu'il y a des influences supérieures, angéliques, qui agissent en dehors de nous, pour nous ou contre nous.

Les nations expient en masse les fautes sociales. Les hommes expient les fautes commises par leurs pères ou par eux-mêmes : douce expiation, puisqu'il vaut mieux souffrir dans ce monde que dans l'autre.

Des anges du Ciel sont chargés de nous punir ou de nous récompenser : C'est ainsi qu'ils font tourner contre nous, ou en notre faveur les incidents de cette vie.

Nice, 13 Mai 1889.

PENSÉES ÉCRITES

PENDANT SA DERNIÈRE MALADIE

---

24 Septembre, *après une crise terrible.*

« Si je pars, adieu Henriette et Pierre; je vous ai bien aimés. Que Pierre soit toujours sage ! »

Plus tard le Docteur écrivait de répondre à la Prieure des Carmélites de Lourdes :

« Le Docteur ne fera plus de visite de malades. Les dernières années, il avait pris une clientèle nombreuse, lucrative, distinguée. Pour satisfaire à ses exigences, il s'est surmené. Que de fois il est rentré en disant : — Je suis fini ! Je n'en puis plus ! Je croyais rester en route ! Le cœur malade a été forcé, surmené.... Maintenant cloué à la croix, ne pouvant se mouvoir....

Enfin je vais mourir, *Deo gratias!* mais je suis bien mauvais...

(Puis du 13 mars jour, où il a reçu l'extrême Onction ,au 13 Avril jour de sa mort).

Ego sum resurectio et vita ✝

O Crux, Ave spes unica !

Que les bons anges m'assistent dans ce passage !

Magni Concilii Angele !

Sanctus Carolus.

Mon Dieu pitié !

(Malgré la paralysie, il prononçait ces trois mots d'une manière à peu près intelligible, pendant les derniers jours de souffrances).

O Mors quam tristis-dulcedo ad patriam.

SITIO

Adieu chère et bonne Amie. Soyez bénie de tout ce que vous avez fait. Vous avez montré un courage de lion.

Puis il baisait son petit crucifix qu'il avait toujours sous la main et on entendait : Mon Dieu, Pitié !...

Que je souffre ! Si vous saviez combien j'attends la mort !

Fini — je m'éteins — petite tombe proprette à Bourg. — Suis heureux — Vous viendrez plus tard.

Quel progrès la maladie a fait en 15 jours. Il faudra bientôt se dire adieu. Combien je suis reconnaissant de tout ce que vous faîtes pour moi !

Je suis bien mal — la tête aussi — Je ne passerai peut-être pas la nuit — J'étouffe. Quelle souffrance !

Bientôt fini — Je meurs.
Je vous aime bien — Merci.

Que j'ai de peine pour mourir ! — résigné.

Je demande une agonie pas trop longue — Je souffre trop et votre Sœur aussi.

Je meurs de faim, mais résigné et heureux.

A ces pensées se joignent naturellement quelques méditations de celle qui plus tard porta le nom du Docteur d'Espiney.

St Albain, 13 Août.....

Mon Dieu, C'est à vous que je veux maintenant parler. Que votre Verbe surtout se fasse entendre ! qu'Il me console et m'éclaire en toutes choses. Depuis bien des années tout mon être tend et aspire à une communion plus intime à votre Immensité, à une union plus étroite avec votre adorable Personne. Seigneur, si j'ai tant souffert en autrui, c'est que vous vouliez m'amener plus directement à Vous qui êtes le Tout de l'âme. Soyez-en béni, et que vous seul remplaciez dans mon cœur tout ce qui lui échappe, ou tout ce qu'il a rêvé !

Mon Dieu, continuerai-je cet entretien qui m'apporte des délices inconnues, sans vous remercier d'abord ! Sans vous remercier avec toutes les puissances d'amour et d'intelligence que vous avez mises en l'âme — des bienfaits ineffables dont vous avez comblé ma jeunesse, des grâces si visibles et si spéciales qui en ont été le prélude dans mon enfance. O Dieu bon, Dieu Père, Dieu Mère, ces vingt sept années, rassemblées dans mon souvenir actuel, me font tomber en adoration et en reconnaissance. Les maux qui ne m'ont pas été épargnés, tombaient aussi de votre main douce et pesante...

Que l'âme est lente à vous suivre, Seigneur ! votre souffle nous excite sans cesse, le murmure divin de votre Parole continue, cherche à nous éveiller par toutes les mystérieuses voies, et nous n'écoutons pas, nous ne voyons pas, nous sentons à peine ! ô mon Créateur, reformez-moi toute à votre image ! Ne me laissez plus m'apetisser et m'évanouir dans les déviations si multipliées du monde. — Ouvrez tous mes sens intérieurs et extérieurs à votre Parole vivifiante. Assouplissez toutes mes facultés, et qu'elles soient totalement pénétrées et imbibées de votre divinité.

O Jésus ! vous choisi pour l'Ami et l'Epoux de mon âme, je suis très-indigne que vous me parliez. Mais vous êtes ce Feu qui s'étend à toute la Création, qui s'infuse surtout dans les âmes rachetées. Je vous demande ce Feu de force et de lumière qui me transforme, m'empêche de défaillir à votre approche, et me rende capable de vos communications substantielles et distinctes.

Qu'ai-je dit, Seigneur, en implorant votre descente substantielle... Voilà que toute votre Personne s'offre à moi chaque jour dans l'Eucharistie. Ne permettez pas que je succombe sous le poids de votre Tendresse et de votre Infinité, dilatez-moi au contraire, et animez-moi à chaque respiration de mon existence, afin que ce pain de vie me fasse croître si mystérieusement en Vous que je parvienne à la demeure permanente et bienheureuse dans le sein de la Trinité mon Principe et ma Fin.

Jésus-Christ, mon bien-aimé, soyez véritablement et précisément mon Maître, non seulement dans ces heures de recueillement en Vous que j'ai trop tardé à employer, mais aussi à tous les instants du jour et de la nuit, où vous m'appeliez peut-être en vain, parce que je manquais de foi ; augmentez-moi donc ce premier de vos dons, et faites que je sache vous écouter partout, vous voir à travers tout. — Elle est belle et pénétrante cette nature d'été qui a recouvert ce matin toutes mes impressions successives — non effacées — de vie et de mort : impressions radicales qui se partagent la vie mixte de l'Humanité dans son état de préparation. Quand viendra la plénitude, ô mon Dieu, la plénitude sous votre regard, et dans votre atmosphère? bientôt, bientôt.

Pourquoi se décourager, me dites-vous, ô Verbe ! puisqu'il est permis à tous de s'approcher de la Source de béatitude et d'immortalité ? Tous y sont conviés — oh ! rendez-nous donc moins aveugles et moins sourds ! donnez-nous le courage qui sait briser l'écorce des choses pour en trouver la moelle et le sens ! Dès que le premier travail est accepté et accompli, l'onction de l'Esprit se répand avec abondance ; elle adoucit, elle aplanit, elle enchante les voies qui paraissaient les plus ardues, dans le lointain de notre ignorance.

14 Août. — Maître adoré, je reviens vers vous, et je sens que c'est un attrait toujours nouveau qui m'y ramènera chaque fois. Comment se lasser dans votreSociété ! Mais qu'on est vite fatigué et accablé dans le commerce de la vie terrestre !

Tirez-moi de la stérilité où l'âme s'annihile lorsque ce n'est pas en Vous, Tige divine, qu'elle a fleuri... ou bien lorsque cette fleur ingrate, n'étant point assez alimentée par votre vivifiante sève, ne peut fructifier. Trempez mon âme dans votre sang, afin qu'elle se solidifie en un fruit incorruptible, que ce fruit n'ait de saveur que pour Vous, mon Maître, et pour les âmes qui partagent votre goût.

L'imagination est un grand ressort et un grand écueil. Vous qui avez créé les éléments de tout être et qui seul pouvez en déterminer les proportions, mettez l'harmonie dans cette âme qui veut être votre disciple; rendez-la unité sainte, afin qu'elle ne donne aucune prise aux liens misérables qui l'empêcheraient de voler à votre suprême Unité, modèle de la nôtre. — Modèle de l'union de plusieurs : Seigneur, ne laissez pas diminuer la meilleure espérance — ni se dessécher le sentiment le plus frais et le plus intense que vous m'ayez donné de votre amour! Seigneur, vous qui me comprenez et qui m'avez fait comprendre.... portez tout entre nous à sa plus haute réalité! à cette réalité qui ne surgit éclatante et suave en ce monde ténébreux, que par le cachet d'éternité que vous y imprimâtes!

Mon Dieu, que les interruptions sont pénibles! Puisque c'est votre douceur qui les rend si mortifiantes, qu'elle me rende douce dans les contrariétés providentielles de l'exil.

Solitude, bien inappréciable, lorsque Vous, Chef et Cœur du monde, Vous Hôte divin, la remplissez de vos merveilles et de vos splendeurs. Vous nous y rendez plus distinct le chemin vers la Patrie, où nous attend cette Mère aimable et toute vêtue de gloire. O Vierge! faites-nous chaque année une part plus large de votre divine

Assomption ! Que cette Assomption nous enveloppe tous à l'heure du rappel !... Obtenez-nous votre humilité et votre charité.

Jésus immolé, enseignez-moi pratiquement votre sacrifice continuel, hâtez ma renaissance en Vous, qui ne peut se produire que dans votre Mort !

16. — Sauvez-moi de mes angoisses, ô mon Dieu ! vous savez ce que mon âme souffre.

Seigneur, si mes larmes, ces larmes dont vous seul connaissez le poids et la profondeur sont mon seul entretien avec Vous aujourd'hui, vous ne vous en offenserez pas. Recevez-les en sacrifice, que votre main divine les essuie.

C'est lorsque toutes nos fibres sont déchirées par la douleur, que les voiles tombent, et que nous savons ce qui peut être versé d'amertume dans la coupe de l'exil.

Dans cette heure d'intense palpitation où vous me laissez, mon Dieu, la soumission crucifiée à votre Volonté, que toutes les heures critiques de ma vie soient rassemblées, et que le présent, le passé et l'avenir vous soient offerts en holocauste. Pour notre vie si limitée, elles sont déjà nombreuses mes années écoulées : elles ont été pleines de maux, mais elles ont débordé de biens ineffables. Soyez béni ! Dilatez ma confiance en Vous, Seigneur. Je ne vois de lumière et d'issue que dans cet abandon entre vos bras miséricordieux. Ailleurs les épines sont si perçantes !

17. — Mon Dieu, vous me tenez dans la fournaise, je n'attends le rafraîchissement que de Vous. Ne me laisser pas m'écouter moi-même, mais que votre Personne se substitue à la mienne : il y a trop d'orages dans cette mer intérieure. Vous qui pouvez tout apaiser d'une parole, prononcez-la sur moi !

O Jésus ! ouvrez-moi les vrais horizons, puisque ceux de la terre s'enfuient ! Donnez de l'air à cette poitrine qui étouffe. Inspirateur de toutes les âmes capables d'entrer en communion, remplissez-moi de votre souffle et de votre lumière afin que je ne sente ni la séparation ni l'isolement, mais que je trouve tout à chaque point de cette vie totale et simultanée que je vous demande.

Je vous le demande encore, ô Verbe médiateur, rassemblez toute dispersion dans l'unité, et posez cette unité en moi, ou plutôt posez-moi en Vous seul à jamais.

J'ai désiré aussi les influences angéliques pour moi et pour tout ce qui m'est cher — la vertu forte et intime de ces brûlantes intelligences. Qu'elles nous arrachent à la poussière de ce monde !

O Dieu ! puisqu'il est vrai que Vous me touchez — que Vous m'êtes plus près que je ne le suis à moi-même, daigner mettre votre main divine sur les pulsations de ce cœur, contenez-les sous votre douce pression. Soyez-moi ami, Seigneur ! vous m'y avez convié dans votre condescendance, et vous attendiez peut-être que je vous y conviasse moi-même dans mon humilité ! Que je désire entrer avec Marie dans la familiarité de votre amour ! Comment avez-vous fait notre cœur, ô mon Dieu ? ce cœur si faible, et auquel il ne faut cependant pas moins que votre mystérieuse divinité pour le combler et le soutenir !

« Je suis descendu du ciel pour être toujours « à côté de toi durant ton pélerinage, marche « donc en voyageuse sur la trace de mes pas, « sous l'étendard de ma croix, et confie-toi en « Celui qui est mort pour ton amour.

Seigneur, moi aussi je veux mourir pour votre amour, et je meurs, je le sens. »

« Il faut mourir pendant de longues heures. « Reste avec moi durant mon agonie. Laisse-toi « ensevelir dans mon sépulcre : je ressuscite tous « les membres de mon corps !

Qu'il soit fait de moi selon votre volonté, ô mon Rédempteur.

O Jésus-Christ, je ne me suis point laissé posséder assez par Vous ! Soyez donc, je vous en conjure l'âme de toutes mes puissances intérieures et extérieures ! Que ce soit vous qui viviez en moi, et non plus moi ! Réparez tout mon être pour vous en faire un temple, que les flammes ne s'éteignent jamais sur l'autel, que l'Agneau immolé soit tout mon amour, que ma mémoire oublie les vanités, et que les rayons de l'Agneau me transfigurent ! Je vous désire, ô mon Dieu ! accroissez la véhémence de mon unique désir. Soyez Roi sur tous les habitants de ce globe, mes frères. La charité comme la vérité sont retenues captives dans plus d'un cœur ! Laissez-moi vous demander, mon Dieu, en une invocation qui réunisse toutes les aspirations de mon âme, laissez-moi vous demander pour tous mes frères ce qu'ils ignorent, ou ce qu'ils ne sentent plus! Votre amour immaculé, votre vie qui est la seule vie éternelle! Faites-nous entrer dans votre voie, ô Christ, qui est la seule pour progresser dans tous les ordres de vie... Mettez-nous tous dans la sainte liberté de vos enfants. Donnez-nous la foi qui suscite tout ce qu'il y a de latent et de divin dans les trésors d'une âme sortie de vos mains : trésors qu'elle enfouit trop souvent. — Attirez-nous, ô Père! ne nous laissez plus gisants sous les ombres de la mort — que le sang divin nous arrose et fasse refleurir toute la terre! Redressez le ressort de toute âme, éclairez-la, fortifiez-la, afin qu'elle travaille et qu'elle produise son fruit greffé de Vous, Arbre divin!

19. — *Unam uni.* — O Vous, qui êtes cet Un, ne me laissez plus oublier nos fiançailles, et faites que, dans les choses les plus inhérentes et les plus chères, je ne me tienne *attachée* qu'à Vous; et qu'il n'y ait pas en moi un seul point, un seul temps de résistance aux dépouillements les plus intimes.

Jésus, Centre d'amour, élevez ma faiblesse et

mon néant à l'héroïsme sincère et indéfectible où vous aimez à implanter les âmes qui ne cherchent que Vous. Que ce soit le sol affermi, où mes pieds se posent désormais ; que mon cœur ne recule jamais devant l'imitation vraie de ceux de vos amis qui vous ont tout sacrifié, tout.

« Entre dans mes plaies pour t'y cacher, et ne « plus voir d'une contemplation fixe que les beau- « tés invisibles que je découvre seulement aux « yeux fidèles à la lumière. Noie ton âme bles- « sée dans le sang de mon cœur, et tu seras à « l'abri des contacts qui déchirent et qui brûlent.

« Arrivée à un certain degré de vie, l'âme qui « est née, et a été nourrie sous mon influence, « cette âme acquiert quelque chose de cette sen- « sibilité surnaturelle qui m'a rendu plus capa- « ble que tout homme des abîmes de la souffrance : « c'est pourquoi cette âme n'a de baume et de « guérison à espérer que dans ma propre sphère. « Je suis le seul qui la connaisse et l'aime assez. »

Oui, Seigneur, mon cœur ose le répéter. Vous êtes le seul qui aimiez assez, parce que Vous êtes le seul qui aimez au-delà de toute conception et de tout désir, et parce que nous sommes ainsi faits qu'il *nous faut* infiniment plus que tous les rêves, et toutes les plus ambitieuses espérances.

« N'as-tu pas entendu parfois comme un écho « lointain de la divine harmonie dont je sais eni- « vrer les oreilles attentives? mais on se laisse trop « distraire et appesantir — et tandis qu'on pour- « rait arriver par ma grâce à la perception dis- « tincte et ravissante de mes secrets, on se traîne « dans la banalité et l'insipidité de la vie. Ne « perds donc pas de vue la noblesse de ta des- « tinée, et réponds, par un constant effort, à la « continuité de mon attraction. Que mon épouse « soit essentiellement simple, et que cette simplicité « la revête de toutes parts. La simplicité exté- « rieure ne doit être que le cachet de la forme « radicalement simple que j'imprime à l'âme dont « je suis jaloux. »

Maître bien aimé, dites-moi encore vos paroles qui me clarifient, et qui établissent la précision, la distinction, surtout l'unité dans l'âme, qui ne sera jamais qu'un chaos informe et errant tant qu'elle se soustraira à votre action, et dans la proportion où sa folie l'éloigne de Vous.

« Ne concentre pas tes facultés dans les sou-
« venirs, le prestige en est séduisant : il y a là
« un piége qui augmente cette puissance d'illu-
« sions dont l'existence et les effets sont si funestes
« à la lumière et à la rectitude de la vie. Il faut
« se déployer dans mon infinité, au lieu de s'en-
« rouler en soi-même.

« Pour juger sainement, mets-toi à mon point
« de vue, autant que le comporte la débilité
« de tes organes. Je suis la Vérité. Il n'y a pas
« d'autre règle : ce que les hommes superbes, et
« qui se croient logiques, appellent justesse de
« vues, n'est, bien souvent, que la vision par-
« tielle et fausse d'intelligences déviées qui pren-
« nent, pour la vérité, sa réfraction dans leurs
« horizons décevants et restreints. La vraie science
« des choses et de leurs rapports ne s'acquiert
« que sous la lumière du Verbe. »

Mon Dieu, quand donc les principes les plus évidents et les plus saisissants et les plus féconds deviendront-ils le fond pur et la droite impulsion de nos esprits qui s'égarent ou s'éteignent dans les régions ténébreuses et fallacieuses de nos vaines recherches. Toujours nous devrions vous demander, ô mon Dieu, de nous reformer, de nous rendre moins accessibles à l'erreur, de pénétrer notre opacité de votre lumière afin que nous devenions cette pure Transparence où se réflètent naturellement vos rayons. C'est la vie angélique qui est la première condition de ce résultat auquel nous devons tendre : amenez-nous, mon Dieu, à cette pratique courageuse de la vie surnaturelle : faites-nous opérer le bien, et notre âme sera inondée de vos splendeurs.

Permettez-moi, mon Dieu, de vous adresser comme prière quotidienne les vœux que vous m'inspirez relativement au corps qui doit être aussi votre demeure. Seigneur, assumez-le tout entier par votre puissante incarnation ; faites-en un instrument docile à votre impulsion directe, et secondairement à l'impulsion de l'âme dirigée par Vous ; pénétrez-le jusqu'à la moelle, et qu'il ne soit à vos yeux que la chaste enveloppe d'une âme qui le domine et l'informe saintement.

20. — « Depuis si longtemps je te poussais à ne « *considérer* que l'Eternité, à en faire l'unique « mesure, le seul poids de toute ta vie ! mais les

« tendances de l'âme déchue sont si vaines que, « les côtés riants et faciles de l'existence terres- « tre l'absorbent et lui voilent presque toujours ce « ciel qui devrait tenir dans un ravissement per- « pétuel les hautes régions de son être. De là l'in- « compréhensible valeur de l'adversité qui lui ôte « ses appuis mensongers, et la convertit à Moi « qui suis son Bien, son Origine, son Avenir et « son éternel Présent. »

Cette parole, ô Jésus, est la seule consolante. Vous êtes notre Vie toute présente, toute pleine. Il n'y a point en Vous de défaillance.

« Des parfums et des saveurs inespérés décou- « lent de mon cœur sur les âmes qui s'ouvrent « à ses effluves, et qui ne se laissent point pro- « faner par les fluides terrestres. Sois-moi un in- « violable sanctuaire où les mystères de ma Croix « puissent s'accomplir. Souffre. Là est la félicité « que je donne. N'en cherche pas d'autre avant « d'habiter mon Ciel radieux. »

Seigneur, je ne veux pas être impatiente du bonheur. C'est Vous qui êtes le Ciel. Si dès à présent vous m'admettez en vous, la béatitude commencera au milieu même des impressions de votre Croix, inséparable de cette terre qu'elle a sauvée.

« Ne te trouble donc plus. Si tu me confies tout « ton être, penses-tu que j'aie besoin des inter- « ventions humaines pour te conduire dans mes « voies? Je m'en servirai selon mes desseins : toi, « tu n'as qu'à t'abandonner à mon action.

Merci, Seigneur, de vos embaumantes paroles.

« Rien ne subsiste sans moi : laisse-toi donc « refondre totalement pour être moulée sur moi, « et tu seras immortelle : tu viens de mon pro- « pre Souffle. »

Mon Dieu, il me semble que mon âme éclate, et qu'elle va s'épanouir et se dilater sans fin, en entrant dans cette région salutaire et embrasée où vous conviez toutes les âmes que vous voulez vous assimiler ! oh ! je soupire après cette assimilation ! Je ne suis rien. Je ne puis rien. Seulement je me livre à Vous, Seigneur. Détruisez tout ce qui Vous fait obstacle, et envahissez-moi pour toujours !

« Tu te trompais volontairement lorsque tu excé- « dais dans ce qui peut s'appliquer de ton âme « aux êtres où j'ai mis mes attrayants vestiges. —

« Que rien ne détourne plus le cours de feu qui « doit se précipiter et rejaillir dans mon Océan « d'amour. »

22. — La vie humaine est un torrent de vicissitudes, mais l'âme christianisée doit réagir sans cesse contre la mobilité et la destruction des phénomènes, en s'établissant sur le roc immuable du Christ : là seulement se trouve l'équilibre de notre vie. Fuyons les régions sans repos où roule la triste feuille d'automne, où se dissolvent les flocons de neige qui tombent pressés et glacés.

Vous visiter, ô Verbe d'amour, comme on visite un ami, se tenir à vos pieds, et vous trouver toujours prêt à nous donner audience ; vos mains percées pour nous, nous saisir et nous approcher de votre poitrine adorable ; y coller notre bouche et notre cœur, et nous permettre ce ravissement du silence qui écoute et sent, à la Source même, vos tendresses infinies, vos mystérieuses étreintes où l'âme si liquéfie.

O mon Dieu, je suis pénétrée de tristesse et d'effroi en songeant au faible et frivole mouvement de tant d'âmes faites pour courir glorieusement à leur Centre éternel et infini, comme les astres du ciel — et qui végètent ou se pétrifient comme la plante et le minéral.

« La solidarité entre les âmes résout d'immen-
« ses problèmes : celles qui ont reçu mes forces
« saintes, doivent porter infatigablement la vie
« autour d'elles, comme un flambeau qui s'al-
« lume dès qu'il rencontre la matière inflammable :
« il faut frapper, pénétrer les âmes fermées et dur-
« cies, saisir les points combustibles ; alors se
« propage l'incendie qui consume les éléments
« coupables, illumine les obscurs abîmes, et ré-
« génère pour toujours. »

Oh ! oui, Seigneur, donnez-nous de plus vastes soucis. — Mettez en nous la dévorante flamme du zèle, du zèle sincère et plein de suavité. Que notre étroite personnalité s'efface pour agir efficacement sur autrui, et que ce soit Vous, Vous votre substantielle Parole et votre pur Amour, qui nous donne l'inénarrable et glorieuse fécondité de l'âme unie à Vous, et qui en rende contagieux tous les bienfaisants résultats !

« Prends garde à l'écueil, non assez redouté,
« de la *coutume*, quelquefois imperceptiblement,

« mais réellement perverse, à cette pente misérable vers la trivialité commode de la vie : rien « n'amoindrit autant la sainteté du caractère. »

23. — Seigneur Jésus, quand me direz-vous : me voici ! — Mon Dieu, donnez-moi la force de m'humilier autant moi-même que vous m'humiliez et que vous me brisez. Je le confesse, mes souffrances sont méritées, j'en mérite davantage, et si vous m'en tenez encore en réserve dans les trésors de votre croix, je les accepte. Que mes lèvres ne se détournent pas !

Une des lois dont j'ai fait la plus triste expérience est celle-ci : le danger des petites infidélités, les conséquences effroyables qui résultent de légers commencements ; le courroux divin contre la présomption et la lâcheté d'une âme comblée de grâces... — C'en est assez, mon Dieu, je ne puis soutenir une plus profonde confusion : faites-moi miséricorde, et anéantissez l'orgueil.

Mon Dieu, je frémis à la pensée de ces tenailles invisibles et incandescentes qui tournent et retournent les fibres dans tous les sens. — Mais, ô Roi de la douleur, si je suis plus près de vous dans les tourments, non, ne m'en épargnez aucun.

Jésus, lorsque les tortures de votre passion exprimaient votre sang adoré, si ç'avait pu être pour vous une pensée de soulagement de savoir que je voulais souffrir pour votre amour !...

Que ce soit votre Esprit qui me meuve, ô mon Dieu. J'ai trop connu les mortelles et stériles agitations de la créature. Que l'Esprit m'éléve au-dessus des nuages de cette vallée de larmes, et que je sois touchée par un de vos rayons, ô soleil des mondes !

« Viens ! je suis la colonne de feu, et la nuée ra-
« fraîchissante : suis-moi au travers du désert. Que
« t'importent les aridités où tu ne fais que *passer* ?
« Ne sais-tu pas où nous allons ? Laisse les ronces
« du chemin ensanglanter tes pas, nous nous repose-
« rons ensemble au Sommet que je touche déjà. »

— Ensemble ! ô Epoux bien-aimé ! Faites donc que mes yeux vous voient, et que mon être ne respire que Vous !

« Qu'elles sont belles les collines éternelles où
« je convie mes élus ! l'insondable horizon en est
« plus brillant que les ciels étincelants de l'O-
« rient ; l'air de l'immortalité y circule en ondes
« fraîches et abondantes, toutes les merveilles de

« cette terre, transfigurées dans la lumière de l'é-
« ternité, nous y éblouissent de leurs beautés
« désormais indestructibles ; et vous-mêmes, trans-
« formés dans la Divinité, vous vivez, vous vi-
« vez sans ombre et sans larmes, vous vivez d'un
« amour qui a comblé tous les abîmes, et qui a
« *réuni* à jamais les âmes de désir !

O Jérusalem, ouvre-nous tes célestes portes !

« Qui se plaindra du sentier étroit et ardu qu'il
« faut nécessairement gravir pour atteindre le
« seuil ? Ne suis-je pas là pour frayer la voie et
« garantir des précipices ? et puis si l'on devient
« petit enfant, je porterai moi-même.., et dans mes
« bras sentira-t-on la fatigue ?

Que l'onction de l'Agneau guérisse toutes nos plaies, et nous remplisse d'une force confiante et invincible !

Saint Paul, vous l'ardent ami du Christ, jetez dans les cœurs si froids et si incroyants quelques étincelles de votre brûlante foi ! Apprenez-leur à croire et à aimer l'Invisible comme s'ils le voyaient, faites-le leur sentir !

Et vous saint Jean, la plus attrayante et la plus suave extension de Jésus-Christ, faites-nous entrer dans la profondeur paisible des divins mystères de l'amour saint !

Marie ! Marie ! Vous qui avez le plus aimé !

24. — Donnez-moi la sagesse, ô mon Dieu ! J'en ai un besoin plus urgent que jamais : la sagesse qui modère tout en nous, qui nous guide dans les voies incertaines ; cette substantielle sagesse qui, en imprégnant notre âme, nous fait savourer le Verbe en toutes choses ; la sagesse lumière, sous laquelle les réalités seules apparaissent, les chimères s'évanouissent ; la sagesse qui saisit le côté pratique des choses, pour assurer et circonscrire notre action. Je vous demande, mon Dieu, une sagesse profonde et ductile qui soit mon trésor — et un ciment d'onction et de solidité dans tous les contacts réciproques de cette vie. Remplissez-moi d'un écoulement de cette sagesse simple et multiple qui atteint avec force d'une extrémité à l'autre, et qui dispose tout avec suavité. En même temps que la sagesse clairvoyante, accordez-moi la sagesse *indulgente*, mille fois plus *équitable* que cette apparente et rigoureuse justice, par laquelle nous croyons pouvoir soumettre le prochain à notre

étroite et aveugle mesure, comme si nous avions d'autres droits sur lui que le droit et le devoir de la miséricorde !

26. — C'est donc vous, mon Dieu, qui nous rajeunissez, nous élucidez, et qui rafraîchissez, en l'activant, la sève vitale que nous tenons de Vous, et qui doit réjaillir sans cesse en Vous, *notre Amour et l'Amour qui nous aime.*

Je vous en prie, mon Dieu, contenez-moi dans l'orbite précis et pratique que vous m'avez assigné — afin que ma forme devienne toute sphérique, et que cette sphère circule sans retard et sans ombre dans votre attrayante lumière, et que vous en soyez le Centre vivifiant.

« C'est du Centre que le fruit tire toute sa sa-
« veur, c'est du foyer que rayonne toute créature ;
« dans le Centre est la Source intarissable, qui
« rafraîchit et féconde ; et c'est au fond de ce
« Centre divin que l'âme trouve l'impénétrable
« asile de sa vie si souvent blessée au-dehors ;
« l'ombrage céleste, qui protége et embellit les
« plantes délicates de cette terre où j'aime à me
« promener comme dans un jardin de parfums et

« de mélodies. Heureuse l'Âme qui m'y rencontre, et « qui ne marche plus qu'au soleil de ma présence !

C'est vrai, ô Jésus ! Sachant qu'on peut se tenir toujours en votre douce société, divine et humaine tout à la fois, comment pouvons-nous être assez insensés pour fuir votre Face ravissante, et nous perdre sous des climats sombres et froids ? — Mais c'est justement que nous ne savons pas... De la foi ! Seigneur, encore de la foi !

La foi s'élance en un invincible et incommensurable espoir ! elle engendre l'insatiable charité qui se plonge toujours plus avant dans les profondeurs du Christ — et qui vivra éternellement dans le glorieux Océan de l'amour infini.

O Verbe incarné, type suprême de toute poésie et de toute musique, rendez-moi apte à percevoir et à exécuter le magnifique ensemble, ou les plus délicates nuances des phrases divines que vous murmurez en notes si pénétrantes et si harmonieuses ! Faites de mon âme, ou plutôt de tout moi-même, une lyre sainte où vos doigts résonnent ! Soyez l'unique chant de ma vie ! et rendez cette vie si parfaitement conductible de votre Fluide qu'elle soit tout électricité !

27. — Nous voyageons, mon Dieu, non seulement sur ce globe extérieur et mobile, mais dans toutes les sphères de notre vie morale. Oh ! faites que chacun de nos pas nous approche de Vous, et que notre course ne soit point stérile ! Sans vous, cette route hérissée d'épines serait si triste ! Que l'ardeur de notre vol l'abrège, et que votre main paternelle nous soutienne et nous soulève jusqu'au terme !

« N'oublie jamais que j'ai été crucifié, rassem-
« ble mes tourments dans le plus profond de ton
« âme, et que ce bouquet de myrrhe soit l'odeur
« vivifiante qui t'empêcher de faiblir et qui aro-
« matise toutes tes puissances. »

Vierge compatissante, vous ne pouvez être séparée des douleurs de Jésus-Christ, vous êtes l'étoile aussi de cet Océan d'amertumes. J'attache pour jamais mon âme à votre martyre, afin qu'elle ne souffre ou ne triomphe qu'inséparablement unie au Chef et à la Mère des chrétiens.

O Jésus, que ce Lien, le seul vrai lien, et dont tous les autres tirent leur force, aille toujours se resserrant. Déprenez-moi pour jamais de toute vanité. Les surfaces légères, mais passagèrement brillantes des choses vaines, sont d'une diversité si fallacieuse qu'il faut une vigilance incessante pour ne pas se laisser prendre dans ce réseau tendu partout, même lorsqu'on a connu le néant de tout ce qui n'est point Vous ou de Vous.

Arrachez-moi violemment s'il le faut à tout ce qui me retiendrait tant soit peu dans l'élan de la colombe qui ne se repose qu'en Vous.

« Oui je donnerai la sublime vigueur de l'ai-« gle à l'âme qui, dédaignant les régions mitoyen-« nes où l'on ne respire pas pleinement, s'élèvera « sans relâche au-delà des sommets de la nature « humaine, pour planer dans l'ether divin où se « dévoilent d'autres horizons, d'autres climats « que ceux de la vie dans son enfance.... Com-« bien d'âmes refusent de sortir de l'enfance, et « n'arrivent jamais, en ce monde, à cette chaude « maturité du christianisme qui leur est offerte « comme les prémices de la béatitude future. »

Si les âmes comprenaient ce qu'elles peuvent être... elles se cultiveraient avec un soin qui ne se lasse et ne se détourne jamais.

O Verbe de Dieu, vous qui devez être la Forme même de mon âme qui n'existe que par Vous,

Vous voyez quel désir se meut en moi. Je désire votre lumière solaire qui chasse toutes ténèbres. J'aspire à devenir, par tout mon être emprunté, ce relief sans tache de votre parole, qui est ma substance même ; et, puisque je suis sortie de vos lèvres divines, comme un souffle de votre Cœur, donnez-moi de refluer sans cesse à ma Source bien-aimée.

« Va donc devant Moi, qui veux te faire ma
« sœur et mon épouse, va d'un cœur portant l'inex-
« tinguible amour. — Marche avec confiance à
« l'ombre de ton Rédempteur. L'ombre divine,
« qui se laisse déjà entrevoir à travers toutes les
« transparences de ce monde transitoire, t'apparaî-
« tra bientôt dans l'éclatante splendeur de la Tri-
« nité contemplée et aimée face à face. Les magni-
« ficences de la Beauté que nul œil mortel n'a vue,
« t'environneront comme un vêtement ; et tu boi-
« ras l'Amour dont le nom ne peut être prononcé
« des lèvres humaines. »

28. — Votre présence, ô mon Dieu ! Donnez-moi le calme et la jubilation infinie de votre présence. Que ce ne soient pas seulement les heures privilégiées du silence et de la solitude qui m'ad-

mettent au contact profond et immense de votre Divinité; mais que cette Voûte d'or et de lumière enveloppe tous mes instants. Que rien n'arrive à ma vue qu'à travers ce Prisme choisi, et que rien ne me touche que par l'élément divin renfermé dans le tact des objets.

« Mes délices sont d'être avec les enfants des « hommes. Si cette parole et plusieurs autres dont « le sens est infini, n'était pas négligée par l'in- « compréhensible aveuglement et assoupissement, « la terre verrait des merveilles de grâce à peine « soupçonnées, elle serait réjouie jusque dans ses « entrailles par mes intarissables et béatifiantes « communications.

« Vous tous qui avez reçu par quelque côté, « le don de Dieu, ouvrez-vous donc au large pour « l'attirer sans mesure, pour en exploiter les ri- « chesses cachées, et vous en retirerez une somme « incalculable de forces et de félicités, qui ne vous « laisseront plus dire : la vie est triste et décou- « rageante — mais qui vous dilateront sans fin « dans le bienfait de l'existence.. »

Nous sommes néanmoins si faibles, si sujets à l'amoindrissement et à la détérioration qu'il faut votre secours incessant, ô Esprit-Saint, pour nous conserver et nous augmenter dans cette vie que vous animez et qui est votre œuvre en nous.

« L'Esprit plane sur toute âme de bonne vo-
« lonté, et si elle ne résiste pas, si elle se main-
« tient dans la pureté de la flamme, qui pourra
« entraver son sol emporté par l'Esprit ? Il est le
« Lien du Père et du Fils, et lorsqu'il a pris pos-
« session d'une âme, cette âme est donc toute liée
« aussi dans l'Amour éternel qui est la vie. »

Et ainsi êtes-vous notre Consolateur, ô Esprit! Lorsque vous avez ressaisi et réuni notre âme qui se dissolvait dans les vanités et se consumait loin de Dieu, nous devenons vraiment vos consolés d'une consolation éternelle, qui n est autre que le retour désiré à notre Patrie, le Sein du Père !

Nous soupirons après Vous ! Inspirez-nous !

« Combien d'inspirations tombées sur des ter-
« res stérilisées par l'infidélité ! Hâte-toi donc de
« correspondre à ma grâce, qu'on apprécie à me-
« sure qu'elle se répand avec abondance... Com-
« prends le sens expressif et effrayant de cette
« parole : *contrister* l'Esprit-Saint. »

Divin Esprit, ce n'est donc pas seulement la

lumière du bien qu'il faut vous demander, mais l'esprit de conseil et de force pour l'exécuter. Agrandissez nos âmes pour qu'elles soient capables de contenir vos fruits distincts, mais d'une inaliénable harmonie. Infusez-vous en elles avec tous vos dons. Que votre onction nous révèle et nous donne ces produits si doux et si purs de la charité ! Que la modestie soit notre vêtement intérieur et extérieur ! et faites couler en nous un fleuve de votre joie sainte — que de cette joie, rejaillissant au dehors, nous viennent tous les ornements dignes de l'âme chrétienne. Puisque nos âmes et nos corps doivent être votre temple, faites qu'on ne respire dans ce temple que l'enivrant parfum de Dieu même.

29. — Bienheureux martyr de la justice et de la vérité, saint Jean-Baptiste, obtenez-nous votre héroïque vertu qu'on ne vit jamais faillir au devoir, et à l'abnégation de vous-même la plus complète. Faites-moi part de cette force qui vous fit rester *au désert* ; loin du Bien-Aimé de votre âme !

Et vous, qui m'inspirez un attrait particulier, Saint Augustin ! vous dont la fête, hier, a dû renouveler les joies sublimes des divins entretiens.

que vous aviez ébauchés sur la terre, jetez un regard de compassion et de secours sur les âmes qui aspirent à la vie céleste dont vous avez été l'un des plus grands initiateurs. Aidez-nous à atteindre ces hauteurs où tout est sérénité !

« Bienheureux les pacifiques, parce qu'ils sont « les enfants de Dieu.

« Il faut que la paix de Dieu soit l'immuable « base de l'âme qui veut rendre à Dieu le culte « en esprit et en vérité. De ses racines profon- « des, fixées en Dieu, montera une sève divine « qui répandra partout la fraîcheur et la vie, et « elle s'épanouira comme une rose immortelle. »

Oui, mon Dieu, les œuvres de votre Bonté n'ont point seulement la rectitude mathématique, l'harmonie du nombre et du poids, la mesure de l'éternelle géométrie ; elles possèdent la beauté, dont les plus ineffables splendeurs sont comme l'ombre de votre amour.

Dans toute créature, la bonté est comme la substance de la beauté ; les choses, superficiellement belles, ne le sont que d'une beauté factice et éphémère, qui n'attire pas.

Unique objet de la vraie poésie, la beauté,

dégagée de toutes les ombres, de tous les replis de la création, est cette brillante échelle que Jacob vit tendue de la terre au ciel, et où monte l'ange des saints désirs, en même temps que descendent les célestes inspirations...

Ne nous arrêtons jamais sur les degrés de l'échelle lumineuse, montons sans relâche vers la Beauté suprême dont une seule étincelle est si ravissante. O Verbe magnifique ! Vous êtes la Figure même de l'éternelle Beauté, faites donc que toutes les facultés de notre amour tendent à Vous et Vous embrassent d'une étreinte infinie.

La Beauté divine nous a été donnée, à nous exilés, sous les voiles chers de votre adorable humanité. Elle a reçu son dernier éclat dans les douleurs et les ignominies de votre Passion ; et c'est le spectacle du Calvaire qui ravit l'amour chrétien à sa plus haute extase. Là, ô mon Roi, vous avez été couronné...

Accordez-moi de n'ambitionner jamais d'autre royale couronne.

30. — Mon Père, n'éprouverai-je aujourd'hui que ce mouvement sourd de la vie touchée par

votre invisible aimant? mais ne doit-il pas suffire à toute vie de penser et de sentir que vous êtes son Père! Que ma vie ne soit donc jamais désolée; elle est entre vos mains, et vous êtes le Dieu de toute consolation. Vous êtes plus: vous êtes notre Mère, c'est-à-dire tout ce dont notre âme a besoin ,pour être nourrie et soutenue et aimée comme elle le désire. Donnez-moi, je vous en supplie, les dispositions confiantes et candides de *l'enfance chrétienne*, qui vous est si chère.

« Si je t'avais rencontrée petite enfant, lorsque
« j'étais visible sur la terre, mes mains t'auraient
« bénie et embrassée. — Mais je suis toujours vi-
« vant au milieu de Vous! Accours donc sur mon
« passage comme les petits enfants de la Judée,
« approche sans cesse de moi, et modèle-toi sur
« ma divine Enfance, tu recevras les mêmes ca-
« resses. »

Doux Seigneur enfant, mettez dans mon âme quelque idée du charme infini des premières heures, des premières années de votre habitation parmi les hommes, vous qui étiez entre eux tous, plein de grâce et de vérité. Vous êtes d'une majesté si tendre et si accessible, à cette fraîche aurore de votre vie d'amour ! Faites que mes heures matinales en reçoivent aussi l'émanation suave, qui parfume tout le cours de la journée ; et le cours entier de la vie, dont le midi si brûlant a besoin de toutes les rosées célestes.

Saint Bernard, qui avez si intimement connu les charmants mystères de l'enfant Jésus, faites couler dans nos âmes le lait si pur que vous y avez puisé.

Vous surtout, très heureux Saint Joseph, qui avez contemplé et goûté de si près tous les rayonnants instants de cet âge divin, communiquez-nous quelque chose de vos trésors, et priez la divine Mère de nous faire comprendre les merveilles qu'elle a possédées d'une manière incomparable — Puisque vous aimez à protéger et à consoler les âmes dont les labeurs et les investigations sont surtout intérieurs, je me recommande à vous, glorieux Saint. — Je vous recommande aussi ma mort. Que vos mains puissantes et secourables m'assistent à l'heure suprême !

Je crains que nous ne soyons, pour la plupart, bien ingrats envers notre ange gardien. — Et cependant, ange de paix et de bonté, combien ne devrions-nous pas considérer les bienfaits incessants, la tendresse invincible dont vous nous entourez depuis le berceau jusqu'à la tombe! Que Dieu nous fasse la grâce de savoir vous écouter, vous répondre, et qu'il nous sera doux un jour de le bénir à côté de vous! de vous remercier — comme je voudrais le faire dès à présent!

O mon bon ange, qui avez si souvent inspiré l'ange visible que Dieu m'a donné, aidez-moi à réaliser ses desseins de sagesse et de sainteté. Je vous en supplie, agissez avec moi, jusqu'au point où pas un iota de sa parole sur moi ne reste inaccompli.

31. — Mon âme vous attend, Seigneur — elle vous prie d'opérer en moi toutes les modifications, qui arrondissent les angles, qui redressent les déviations, qui comblent les lacunes, et qui polissent toute aspérité.

« C'est moi qui restaure et qui réconcilie tout. « Moi, le Médiateur, je dois donc être ton milieu, « où tu respires, où tu te meuves, où tu regar- « des, tu espéres et aimes. Ma croix est l'instru- « ment de perfection : je l'insinuerai dans tous « tes replis, elle agira sur toi comme le glaive « et le feu. »

Que les inventions de votre amour sont délicieuses, mon Rédempteur ! la croix, séparée de Vous, serait affreuse et cruelle, mais elle Vous est adhérente, et à mesure qu'elle entre plus profondément et plus universellement dans notre être, elle nous colle à notre amour crucifié ; elle nous le donne de cette possession intime, à la profondeur de laquelle n'atteindrait pas une félicité réciproque ; de cette possession sanglante que donne la douleur soufferte ensemble, et l'un pour l'autre.

Le Temps, qui nous est prêté, pour nous former à l'Eternité, le Temps est court et glissant. Au lieu de gémir sur cette fugitive mobilité, sachons la comprendre relativement au but que nous devons atteindre, et en exploiter les éléments précieux, dont le moindre atôme renferme une puissance infiniment développable, ou à jamais perdue pour l'avenir éternel, selon que nous aurons respecté ou négligé le don de Dieu.

O Fils de Dieu, qui vous êtes fait notre Frère, en devenant comme nous voyageur dans le temps, apprenez-nous à consacrer le temps à votre exemple.

Vos imitateurs et vos amis, qui en ont compris l'inappréciable valeur, et l'ont cultivée sans relâche, se réjouissent éternellement de leurs tribulations *d'un moment* qui ont produit le poids incomparable de gloire. — Leur douce société nous attend, emflammons-nous donc d'une sainte émulation ; d'un courage que rien n'abatte. Tendez-moi la main, généreux et saints Patrons qui avez présidé à mon baptême : que ce noble caractère d'enfant de Dieu reste l'empreinte aussi immaculée qu'indestructible sur cette vie que vous daignez protéger ; que de ce germe profond et fécondé par le Christ, fleurisse et fructifie une existence toute sanctifiée ! Ouvrez-moi les sentiers qui me facilitent l'entrée de la Cité céleste, et fermez à mes pas toute voie nuisible

1er Septembre, — L'automne vient — toutes les saisons doivent se succéder dans l'année de notre existence terrestre — mais cette existence, concentrée, transfigurée par le Christianisme, ne doit point s'écouler ni se diviser avec les phases mobiles de ce qui nous environne. Vous qui êtes Un et Immuable, soyez au milieu de nos vicissitudes ce Pôle éternel qui rassemble et maintienne en nous la permanence de la sève et de la floraison de nos printemps, les chaudes splendeurs de l'été ; avec la paix et la fécondité de l'automne, et le recueillement, le détachement de l'hiver.

« Mon infaillible Volonté doit pour toute âme « éclairée et aimante, *égaliser* le cours si di- « vers et souvent si imprévu de la vie ; y adhé- « rer pleinement en sacrifiant ses ignorances et « ses répugnances, serait le devoir de la raison « quand même ce ne serait pas le dernier mot « de la sainteté.

Mon Dieu, combien de fois déjà ne m'est-elle pas devenue évidente et palpable cette vérité que nous *ne savons pas* ce que nous voulons, lorsque nous nous laissons gouverner par nos désirs ou par nos craintes ! C'est Vous qui disposez des *résultats* ! Accordez-moi la confiance, la docilité, l'amour qui ne fait vouloir et aimer que ce que vous voulez !

« Parfaitement unie à ma volonté, transformée « en elle, une âme vit de ma propre vie, elle « respire dans l'Infini ! elle n'est plus froissée « à chaque instant par les tristes obstacles des « choses et des hommes ; les bornes écrasantes « ne l'enferment plus dans leur enceinte d'airain : « la soumission et l'amour divins, l'élevant au-

« dessus du contingent et du passager, elle se re-« pose en Celui qui ne s'en va jamais ! elle opère « incessamment de ce mouvement régulier et pai-« sible que je lui imprime, et qui *aboutit* tou-« jours puisque la réussite, pour elle, est toute « dans l'accomplissement de ma volonté. »

Verbe incarné, puisque cette volonté sainte était votre nourriture, faites qu'elle soit aussi la mienne, afin qu'en me nourrissant comme Vous, je vous sois assimilée, comme vous le voulez, et comme c'est la tendance de mon être.

Grande sainte Chantal, qui êtes devenue si conforme à la Volonté divine, obtenez-moi cette grâce qui les contient toutes. — Assurez-moi ainsi le partage de votre magnifique destinée, qui a été préparée et vue avec complaisance de l'auguste et libérale Trinité. !

2. — Mon Dieu, donnez-moi la prudence, cette vertu si importante qui est la science des Saints ! Faites-moi discerner en toutes choses cette impalpable limite qui nous sépare souvent des abîmes !... Tenez-moi de votre main puissante dans le milieu du vrai et de la vertu, et mettez en moi ce tact

spirituel dont la précision peut seule suppléer à l'insuffisance des lois positives qui n'enferment pas les plus délicats phénomènes.

« Aspire à ma lumière par tous les pores, elle « t'illuminera, et se réflétant sur tous les objets de « ton action, elle les présentera sous leur vrai jour, « en fera ressortir les beautés ou les défauts, et « t'indiquera le mode de maniement à employer. »

O Verbe, c'est en vain que les hommes présument d'eux-mêmes, et cherchent dans leurs propres conceptions des éléments de sécurité et de bonheur : tout consiste à se fier à Vous, à ne rien espérer hors de Vous, à vous désirer uniquement et d'un élan toujours croissant.

« Je m'incline avec complaisance vers l'âme « humble qui me tend les bras : je ne l'aban- « donne pas, je l'emmène... elle grandit sans « cesse, je la déifie et je la béatifie d'une ma- « nière incompréhensible aux âmes qui n'ont point « cru et aimé *généreusement*. »

O mon Dieu ! unissez de plus en plus les âmes dignes d'associer leurs saints efforts, qui se rencontreraient dans les mêmes tendances, dans le même amour fortifié et glorifié par l'union, si de tristes et factices barrières ne venaient s'interposer !

« J'aime les aspirations désintéressées, épurées « par la souffrance : ne regarde que dans l'or- « dre de ma Providence les pesantes douleurs qui « te sont imposées, et que du milieu de l'incen- « die tes soupirs montent droit à Moi. »

Oui en Vous, mon Sauveur, je me remets tout entière pour le temps et pour l'éternité, où ce temps aura bientôt disparu. Bénissez-moi de votre Main divine : Vous m'avez déjà fait goûter d'une manière si profonde et enivrante les savoureuses bénédictions parties de Vous... Rendez-moi moins indigne de vos dons ineffables, et répandez-les en flots de rénovation !

Venez, Seigneur, venez ! ou faites-moi venir !

3. — Le trois et le quatre Août ! Mon Dieu vous n'aviez jamais laissé s'approcher autant de nous *l'ombre* de la mort, — mais avant que ce voile funèbre eût achevé de nous envelopper jusqu'à la réunion de l'éternité, vous avez laissé tomber un rayon de vie, et vous avez miséricordieusement retardé l'heure de la séparation. Eloignez-la longtemps, mon Dieu !

— Maître unique des esprits, apprenez-moi à parler ce que je dois parler, et à ne rien dire autre ; à me faire entendre, et à comprendre moi-même, lorsque le progrès de l'âme en dépend...

« Relève-toi vers la Lumière, par une coura-« geuse réaction, lorsque tu sens le poids et les « tristesses de la vie t'appesantir et t'obscurcir. »

Attirez-moi, pure et douce Lumière !

« Viens habiter dans mes demeures toujours se-« reines. — N'es-tu point lasse du ballottement « des vagues ? Ne laisse donc sur la terre que ce « qui appartient, momentanément du moins, à la « terre : et tiens fixément la meilleure partie de « toi-même sur le sein de l'amour éternel, qui « est ton origine, ta vie et tout ton avenir. »

Seigneur, c'est ainsi que vous me consolez efficacement.... mais enchaînez-moi vous-même à votre amour, pour que le poids de la mortalité ne puisse plus me tirer en sens contraire.

Seigneur, vous le savez, vous le voyez, je n'ai pas les vertus qui me seraient si nécessaires ! Je suis pauvre devant Vous ! Dieu des vertus, je vous les demande avec instance. Faites-moi travailler incessamment à les acquérir, et donnez-moi la pureté d'intention qui doit diriger tous nos efforts, éclairer toutes nos démarches.

4. — Qu'est-ce, mon Dieu, que cette fermentation intérieure qui nous remue, nous secoue parfois, sinon l'action de ce levain céleste qui doit faire *lever* toute notre âme ? Acceptons donc avec joie les luttes de la vie, qui dégagent en nous l'élément divin, et où l'âme victorieuse, restée debout sur le champ de bataille, reçoit du ciel la couronne triomphale.

« Je suis présent à tes combats : c'est mon souffle puissant qui t'animera. Qui pourra lui résister ? Je suis le Dieu des armées : enrôle-toi dans mes glorieuses milices, je les conduis à l'Honneur et à la Paix. »

Jésus, prince de la paix, régissez souverainement toutes mes facultés, pour que je sois ordonnée dans la charité, ce lien de la Paix.

Délivrez-moi avant tout de l'esclavage de moi-même, qui est le plus grand obstacle aux influences de votre grâce, aux divines abondances de votre paix.

« Pour rompre ce honteux exclavage, il faut à chaque instant *sortir* de soi-même, de cette prison

« étroite qui étouffe et captive l'âme faite pour « l'*air* et la *lumière* de Dieu même. Il faut aller « demander aux montagnes éternelles leurs im- « menses horizons... Et ainsi, en ne s'arrêtant « pas à soi, on se possèdera soi-même d'une ma- « nière incomparablement plus noble, plus haute « et plus riche. — On verra s'ouvrir en soi des « capacités toujours nouvelles et toujours rem- « plies, et la vie sera ce qu'elle doit être : dila- « tation dans le monde infini de Dieu. »

— Dès aujourd'hui, mon Dieu, faites-moi entrer dans ces sphères de beauté et d'harmonie. — Vous n'aimez qu'à donner. — Versez-vous donc dans ce vase infirme que vous seul pouvez rendre agréable à vos yeux, et capable de recevoir vos torrents de vie.

« Dans les désirs qui s'adressent au Verbe, tu « ne seras jamais trop audacieuse : les profon- « deurs de mon amour reculent toujours devant « le regard pur et ardent qui boit mes rayons ; « devant le cœur qui pénètre au-delà... et où s'ac- « complit le divin mystère... »

— Nous pouvons donc arriver à votre Cœur même, ô Dieu ! à votre Cœur — pour que les enfants des hommes, si petits par eux-mêmes, mais susceptibles de tant d'amour, ne soient point exclus des plus insondables joies de la Trinité divine. Et maintenant, d'où vient que les âmes — âmes lâches ! — se préoccupent si peu des plus ravissantes possibilités ? Si elles n'étaient pas offertes, qui les eût espérées ? Mais nous sommes pressés et aiguillonnés par l'amour même de marcher vers ses félicités sublimes, et nous retombons dans les fers de l'habitude rétrécie ; nous nous couchons à l'ombre mortelle des illusions de la terre !

5. — Lazare, *veni foras* ! ô Jésus ! dites-la cette parole, dites-la encore !

Vous, un des plus intimes amis du Seigneur, saint Lazare, pleurez aussi comme on le peut au ciel, pleurez sur ceux qui sont dans le tombeau, et demandez à Celui qui est la résurrection et la vie de les faire renaître en Lui. Et vous, heureuses Sœurs, chères à Jésus, intercédez pour moi auprès de Lui, obtenez-moi de reproduire, dans mon âme, l'alliance de vos purs et aimables caractères. Vous avez aussi un bien doux accès auprès de la Vierge-Mère, je vous supplie donc de l'intéresser pour son enfant exilée. ô Marie ! souvenez-vous que je vous ai désirée pour amie — que ce sera toujours mon plus intime, mon plus vif désir. Comment n'exaucceriez-vous pas un désir qui ne tend qu'à vous être plus étroitement unie, et par là-même à votre Fils Notre-Seigneur ?

Parlez-moi, Seigneur, votre servante écoute.

« Implante fermement dans ton âme l'*esprit de*
« *foi*, et traduis-le dans la réalité. Je t'ai incitée
« bien souvent à être plus exactement fidèle et
« conforme aux lumières qui ressortent du point
« de vue de la foi, le seul vrai pour un chrétien
« — et qui sont si différentes de la sagesse mon-
« daine. Marche donc loyalement dans la vérité,
« sans considérer les exemples contraires, dont
« la séduction est d'autant plus dangereuse qu'elle
« part de personnes chez qui l'on s'attendrait à
« mieux trouver, en toute occasion, les irrépro-
« chables clartés du flambeau chrétien. — Mais
« il faut pratiquer la noble religion, tout indé-
« pendante des milieux plus ou moins favorables
« qu'on est obligé de traverser. En un mot : opé-
« rer sincérement la vérité, et vivre, par là, dans
« une lumière croissante. »

Mon Dieu, les sommets de la perfection, quelque ardus qu'ils puissent être, ne doivent point effrayer le chrétien à qui il a été dit : sois parfait — mais animer son courage de la plus noble ambition, d'un ferme espoir fondés sur votre parole et votre secours infaillible : faites-le moi sentir, mon Dieu, puissamment et efficacement. Vous êtes le Dieu fort — soyez mon refuge, mon appui, mon libérateur. Oui, mon Dieu, délivrez-moi, accordez-moi cette liberté d'esprit, le plus enviable de tous les biens, et sans lequel l'âme rachetée n'aura jamais le sceau de toute sa grandeur.

« Seigneur, je suis ton œuvre : au milieu de « mes jours, vivifie-moi ; au milieu de ma vie. « donne-moi ta lumière. »

Rendez-nous, mon Dieu, l'image de plus en plus vivante de votre bonté, qui résume les plus divins attributs.

6. — Descendez, ô Esprit de vie ! faites-moi respirer.

Trempez-moi aux sources profondes et cachées de l'Eglise catholique, ma Mère bien-aimée. Introduisez-moi dans le cénacle mystérieux où l'on est uni à la Vierge sainte et aux heureux disciples ; où le courant d'électricité divine jaillit de l'intime et auguste assemblée des âmes, et anime chacune d'elles d'une force centuplée par l'union.

« Ecoute, ô âme, les paroles du Chef divin qui « a fondé l'Eglise comme son corps, auquel doi-« vent se réunir et s'incorporer toutes les nations « de l'univers. Vous tous, membres de ce Corps « du Christ, travaillez de concert, avec cet accord « qui produit l'harmonieuse et féconde variété dans « l'unité. Elevez vos propres regards en consul-« tant l'œil du Corps, et vous comprendrez mieux « la marche du monde dont Dieu dirige tous les « mouvements si divers, et en apparences si con-« traires, à l'extension et à la glorification du « corps divin de son Eglise : mais l'ensemble ma-« gnifique de ces mouvements, partiellement désor-« donnés, échappe aux intelligences qui ne savent « pas se placer à la distance voulue des bruits « et de l'écume de leur siècle. »

Mon Dieu, donnez-nous plus que la perspicacité et l'étendue du regard qui suit votre majestueux sillon au-dessus des stériles agitations des âmes étroites et hostiles à votre action suprême

— donnez-nous cette délicate et profonde sensibilité d'un cœur divinisé, qui nous fasse sentir toutes les vibrations, les palpitations du Cœur immense de votre Eglise ; nous associe à ses tendances précises et sublimes, nous fasse concourir à son but éternel avec tout le courage de l'amour, avec cette sagesse qui lui fait choisir infailliblement ses voies dans le labyrinthe de cette vie mêlée.

7. — Faites-moi entrer intimement, Seigneur, dans les riches et profonds mystères de chacune des Fêtes célébrées par votre Eglise. Cette guirlande céleste qui enchaîne et couronne nos années chrétiennes, nous offre d'inépuisables sujets d'admiration et d'édification divine ; ses fleurs si nombreuses, si magnifiques, si variées parfument les jours de l'exil, elles en effacent par moments la tristesse, en soulevant un coin du voile qui nous cache le ciel.

ô Vierge sainte ! préparez-moi à cette Fête, si chère au cœur, de votre douce Nativité... le ciel se penche avec tant de complaisance sur votre radieux berceau — la terre éprouve des tressaillements inconnus et précurseurs de l'ère nouvelle qui s'ouvre pour le monde. Et vous, Vierge suave, dont les humbles pleurs, ou le frais sourire distillèrent plus de grâces que l'aurore naissante et la rosée matinale; Vous, dont l'élan sublime et tendre attirait déjà le Dieu trois fois Saint dans votre cœur de pure flamme — rendez-moi petite, imperceptible sur la terre, mais grande de désir céleste, de vertu, et de cet amour magnanime qui a été l'immense et divine respiration de votre âme immaculée. O Mère, que vos mains bénies s'abaissent sur moi — qu'elles guérissent, qu'elles adoucissent, qu'elles illuminent de leurs rayons pénétrants ! qu'elles fortifient aussi, et qu'elles consolent: elles sont toutes miséricordieuses! ô Vous qui avez porté dans votre sein la divine sagesse, parlez-moi de ce qu'elle vous dit éternellement, et priez-la de se faire entendre à mon âme.

« Tiens ton âme close à la vanité, comme celle « de ma Mère — fais-en l'autel sacré de mon « amour, où le silence plein de Moi, le recueil- « lement virginal, la simplicité sans tache, la « calme douceur pénètrent seuls et remplissent « mon sanctuaire de la paix divine, et de l'encens « d'ardentes prières, qui te faciliteront la coura- « geuse pratique des vertus laborieuses. »

O Verbe divin, c'est Vous qui agissez en moi, avant-moi-même — faites-moi comprendre et expérimenter de plus en plus cette palpitante et enivrante présence de votre Divinité maternelle. Faites-le comprendre et sentir à tous ! Ouvrez nos yeux, ô lumière éternelle, qu'ils vous *voient* de plus en plus, et qu'ils ne se rassasient pas de vous chercher !

8. — L'étoile du matin s'est levée : que son touchant éclat, ses scintillements admirables réveillent les forces vives et chastes de l'âme, et en fassent un hymne continuel aux merveilleuses bontés du Seigneur pour celle qui est notre Mére !

Souffrez, aimable et puissante Vierge, que je mette sous votre protection maternelle et toute spéciale, l'ange chéri pour qui je redoute les contagions de la terre — Vous êtes Reine : maintenez intactes en nous les royales dignités du chrétien.

Reconstituez-nous, mon Dieu, dans nos grandeurs primitives ! Donnez-nous l'intelligence pratique de ce que nous pouvons et devons être. Apprenez surtout à ceux qui sont vos représentants sur la terre, à quelque titre que ce soit — quelle est leur auguste mission ; et quelles sont les incalculables et funestes conséquences de leurs infractions, ou de leurs négligences, dont la portée désastreuse atteint un si grand nombre d'êtres dépendants !

« Les hommes devraient réfléchir plus profondé-
« ment, et plus efficacement au compte sévère qui
« leur sera demandé des âmes créées à mon Image,
« et dont ils auront négligé la marche progressive
« et sainte, terni même le lustre divin, s'ils ne
« l'ont point effacé entièrement ! dont ils auront
« dédaigné, étouffé les nobles et pures aspirations ;
« comprimé, si ce n'est brisé, le ressort éternel ! »

O divin Cultivateur des âmes, nulle pensée n'est plus faite pour porter l'épouvante jusqu'au fond de l'âme que celle qui nous montre une de vos créatures, altérant, détruisant, par sa perversité ou son indifférence, une autre de vos créatures !

« Il ne faut donc pas se lasser d'augmenter,
« de fortifier le contrepoids de la vertu dévouée
« qui puisse corriger, neutraliser même les dé-
« viations déplorables imprimées par cette lâche
« et égoïste personnalité qui dessèche tout en elle
« et autour d'elle. »

9. — Seigneur, vous êtes Emmanuel, Dieu *avec nous* ! Soyons donc toujours attentifs, et proches de Vous. — Nous sommes votre peuple, dont les seules chaînes, l'unique malheur serait le péché : mais Vous nous en délivrez selon l'évangélique parole. Puisse cet accablant fardeau des enfants d'Adam diminuer de plus en plus, pour que rien n'arrête l'essor divin de l'âme rachetée !

Ce qui est formé dans le sein de la Vierge vient du Saint-Esprit, et reçoit le nom de Jésus.... O Dieu ! faites donc que rien ne se forme que de saint dans l'âme que vous avez séparée du monde, afin que tout ce qui est produit en elle porte un des caractères de ce nom ineffable.

Glorieuses générations qui avez été les ancêtres du Christ Sauveur, et qui êtes ainsi Nos premiers aieux ! j'aime à vous contempler, à vous féliciter, à vous honorer comme mes Pères — Chefs de la plus noble des généalogies, Abraham et David ! communiquez-moi quelques étincelles de vos divines forces, aidez-moi à gravir les degrés de votre sublime élévation. La Foi du plus grand des patriarches, la Douceur du plus humble des rois confondent et fortifient l'âme instruite à leurs incomparables exemples.

« Considère le divin privilège de la Famille « d'Israël, dont les noms immortels sont comme « attachés à mon Nom lui-même. Je suis le Dieu « d'Abraham, d'Isaac, de Jacob. — Médite ce « qu'un tel titre suppose, dans ces grands hom- « mes, de profondes et magnifiques adhérences à la « Divinité. »

Et vous, aimante et humble Ruth, dont le souvenir, inséparable de celui de Noëmi, se conservera toujours dans les archives de l'Humanité, qu'il fait bon se rappeler votre touchante histoire, qui nous instruit si gracieusement sur les épreuves et les compensations de cette vie de combats!

— Jésus, vous avez donc été *mis au monde* — et vous avez trouvé le secret de ne plus nous quitter.

11. — Allons à Bethléem, guidés par l'étoile qui éclaire, et amène au Messie les plus éloignés, pourvu qu'ils aient cette bonne volonté de recherche, cette générosité d'offrande qui donne ce qu'on a de plus précieux. Saints Rois Mages, si je voudrais avoir part à vos trésors, ce serait pour les mettre aux pieds de l'Enfant divin. O Jésus, rendez-moi or pur de tout alliage, que l'encens vous

soit en agréable odeur, et que la myrrhe abonde dans mes mains pour m'être comme un arome qui conserve.

Ici se rencontre la loi des abaissements et 'de la pauvreté d'un Dieu — loi que doivent retracer les chrétiens ses disciples. Ici se découvre le merveilleux spectacle des premiers jours du Sauveur entre les bras de sa Mère, et environné de toutes les misères de l'humanité où il s'est complu.

Puis vient l'exil dans l'exil même. — Le Seigneur fuit devant la perversité humaine, et sanctifie les contrées qui reçoivent le divin voyageur. O mon Rédempteur, visitez toutes les régions de mon âme, et faites y connaître votre adorable Présence.

« Oui donne-moi asile, et tu seras bénie. A « peine ai-je vécu sur la terre que le sang des « martyrs innocents est versé pour moi : sacrifie-« moi aussi tout ce qui est la fleur de ta vie, « dût l'holocauste être sanglant. »

Un deuil inévitable suit les douleurs si grandes de la vie, mais là haut, lorsque nous vous aurons *retrouvé*, Seigneur, le deuil ne sera plus — Montrez-nous d'avance les immortelles et joyeuses couronnes.

« Viens à Nazareth, où mon enfance, ma jeu-
» nesse se sont passées : j'ai traversé les mêmes
« âges que toi, ma vie a été cachée dans une
« longue obscurité : pénètre dans les profondeurs
« infinies de la vie de ton Dieu, étudies-en les
« invisibles déploiements. »

Vous avez voulu être appelé Nazaréen. Que le nom suave de Nazareth soit dans mon âme une représentation habituelle et vivante des années divines qui s'écoulèrent dans son humble enceinte. O Jésus qui avez été *soumis*, faites-moi réaliser sur vos traces cette destinée de soumission, à laquelle nul d'entre nous ne peut se soustraire. Donnez-moi cette docilité du cœur, indispensable préparation à la Sagesse qui se consomme en Vous.

13. — C'est dans le désert que nous trouvons le précurseur du Christ : C'est là, dans la solitude de notre âme, que nous pouvons préparer la voie du Seigneur, préparation qui est la grande, l'unique œuvre des chrétiens : pourvu que la voie soit ouverte, aplanie, le flot divin agit dans toute la puissance et l'immensité de sa vertu. Dieu règne et vit dans l'âme transfigurée.

« Je suis ta vie essentielle : pour recevoir le « baptême de l'Esprit que Moi seul communique, « il faut passer par l'eau de ma grâce purifiante, « par le baptême de pénitence auquel je me suis « moi-même soumis. Le ciel s'ouvrit visiblement « alors sur mon humilité, qui attira une écla- « tante manifestation de la Trinité sainte. Le « Père repose avec complaisance son éternel re- « gard sur son Fils bien-aimé, et aussi sur les « membres incorporés à ce Chef divin ; l'Esprit « de pureté et de feu se répand dans tous les « êtres qui me sont unis, il plane sur eux avec « les ailes de la Colombe. »

Oui le royaume des cieux est proche. Il est déjà sur la terre d'une présence cachée et concentrée, et il va se déployant jusqu'à l'éternité, dont la soudaine et infinie révélation ne tarde point à éclater pour chacun de nous. — Que cette *approche* si rapide du royaume de Dieu envahisse tellement toutes nos facultés, qu'elles y trouvent leur consommation naturelle, au lieu de cette secousse étrange des âmes que la mort seule peut arracher à la vanité !

Mon Dieu, mettez en nous l'humble et profonde

disposition à nous accuser sincèrement de nos péchés, puisque c'est une des conditions les plus essentielles de notre justification, un acheminement sûr au pardon de votre miséricorde — Nous sommes ces arbres que la cognée menace à la racine même. — Oh ! faites-nous porter de bons fruits ! rendez-nous votre pur froment qui soit recueilli et conservé dans votre douce Providence. Préservez-nous du sort maudit de la paille inutile qui est enlevée de votre aire et jetée au feu !

« Des pierres même, je puis faire naître des « enfants d'élection — que nul donc ne se glo- « rifie, et n'oublie les hautes leçons données sur « les bords antiques du jourdain. »

14. — « Dans la tentation, je suis ton mo- « dèle, comme dans toutes les autres situations « de la vie : rappelle-toi la prompte fermeté de « mes réponses au tentateur, et la dignité sainte « qui le met en fuite. »

Seigneur Jésus ! qui avez été élevé sur la croix comme le signe de salut qu'il suffit de regarder avec son cœur pour être guéri — attirez tout à vous selon votre parole. O Croix qui portez mon

Sauveur blessé et mourant pour notre amour, soyez vraiment exaltée dans mon âme !

« Heureux ceux qui répondent à mon premier « appel, et qui laissent tout pour me suivre, comme « mes généreux disciples Pierre, André, Jacques « et Jean. Ceux-là marchent dans la grande Lu- « mière qui s'est levée sur le monde, parce qu'ils « ont d'abord quitté les régions malheureuses « couvertes de l'ombre de la mort. »

Seigneur, vous l'avez dit : l'homme ne vit pas seulement de pain, mais de toute parole qui sort de la bouche de Dieu. Faites-nous donc goûter cette divine et substantielle nourriture, rassassiez-nous de cette manne d'immortalité...

Miséricordieux médecin, qui aimiez tant à guérir les infirmités humaines, vos dispositions divines sont toujours aussi infinies de puissance et de tendresse. — Voici donc une malade à vos pieds : dites une seule parole sur elle, et tous ses maux seront finis, oubliés. O Jésus ! ma confiance est en Vous pour le temps et pour l'éternité. Avec votre secours, cette confiance traversera, inébranlable, la mort même.

15. — Jésus, assis sur la montagne, laissez-moi m'approcher aussi de Vous, et recueillir de votre bouche même ces divines paroles.

« Heureux les pauvres d'esprit, car le royaume « des cieux leur appartient.

« Heureux ceux qui sont doux, parce qu'ils possèderont la terre.

« Heureux ceux qui pleurent, car ils seront « consolés.

« Heureux ceux qui ont faim et soif de la jus- « tice, parce qu'ils seront rassasiés.

« Heureux ceux qui sont miséricordieux, car « ils obtiendront miséricorde.

« Heureux ceux qui ont le cœur pur, parce « qu'ils verront Dieu.

« Heureux les pacifiques, car ils seront appe- « lés enfants de Dieu.

« Heureux ceux qui souffrent persécution pour « la justice, car le royaume des cieux leur ap- « partient.

« Vous serez heureux lorsque, à mon sujet, les « hommes vous chargeront d'opprobres, qu'ils vous « persécuteront, et qu'ils diront de vous toute « sorte de mal, contre la vérité.

« Réjouissez-vous alors, et faites éclater votre « joie, parce la récompense qui vous attend dans « le ciel est grande. Car c'est ainsi qu'ils ont « persécuté les prophètes qui ont été avant vous. »

Seigneur, je n'ai qu'une chose à vous demander : faites-moi pénétrer le sens infini des Béatitudes, et faites-moi vivre vraiment dans ce sens.

« Le chrétien ne doit jamais oublier qu'il est, « par vocation, le sel de la terre, qu'il doit non « seulement en avoir la vertu conservatrice, mais « que sa propre vie éclaire tout autour de lui « comme un pur flambeau. »

Mon Dieu, que nous sommes sujets à oublier la loi de perfection qui est vraiment la loi de tout chrétien ! Et cependant votre parole est inviolable : le ciel et la terre passeront, plutôt qu'nn seul iota de cette parole ne reçoive pas son accomplissement. — Ce n'est pas au point de vue naturel qu'il faut prendre la mesure de notre justice : si, cette justice n'est plus parfaite, nous n'entrerons point dans le royaume des cieux. Vous êtes venu, ô Jésus, non pour abolir la loi, mais l'accomplir, et voilà pourquoi vous nous dites : « Soyez parfaits comme votre Père céleste est parfait. » Combien l'Evangile insiste sur la pratique généreuse d'une inaltérable charité envers le prochain ! quelles menaces terribles, il fait entendre contre le scandale ! — et quelle décision il faut avoir contre soi-même, contre ce que l'on a de plus cher, lorsqu'il y a là une occasion de chute !

Donnez à notre parole, ô Dieu, cette gravité divine que vous nous inculquez dans les leçons évangéliques ; mettez dans chacun de nos mots ce poids de la vérité qui en fait une parole sacrée, et dispense de recourir aux formules extraordinaires que vous nous recommandez d'éviter.

18. — Mon Dieu, faites-nous comprendre et goûter la vie cachée en Vous. Combien nous doit être douce cette pensée que Vous, notre Père, nous voyez dans le secret !

Ce n'est point pour le regard de l'homme que notre âme doit agir et se déployer : il la profanerait... L'humilité est non seulement une vertu, mais la meilleure sauvegarde des trésors intérieurs les plus précieux.

O divin Instituteur, qui nous avez enseigné la

prière, donnez-nous l'intelligence et le suc de cette divine oraison que nous récitons chaque jour !

Vous avez même daigné nous l'expliquer, Seigneur : Vous nous dites que notre Père ne nous pardonnera que si nous remettons nous-mêmes aux hommes leurs offenses. Qui sommes-nous pour nous croire offensés ?.. Du moins, ouvrons notre cœur à la miséricorde.

« Ne vous amassez point de trésors sur la terre — « mais amassez-vous des trésors dans le ciel — car « où est votre trésor, là est aussi votre cœur. »

O Jésus ! que tout mon trésor soit donc au ciel pour que mon cœur y soit déjà, et qu'il ne soit plus attristé sur la terre ! Faites-moi *amasser* avec Vous, être riche de Vous !

« Votre œil est la lampe de votre corps : si « votre œil est pur, tout votre corps sera éclairé ! »

Lumière éternelle, faites-moi passer sans cesse des ténèbres à la lumière, ou plutôt d'une moindre lumière à une lumière toujours plus vive et plus abondante. — J'aime à vous demander souvent de me *faire*, dans tous les sens de ma vocation : N'est-ce pas Vous en effet qui faites et qui refaites continuellement votre enfant créée de vos mains !

Délivrez-la donc de toute sorte de ténèbres, pour que son être vous réfléchisse, ô admirable Lumière !

« Nul ne peut servir deux maîtres. »

Merci de cette parole, ô mon Maître bien-aimé, qu'elle m'affranchisse de toute domination avilissante, on ne peut y échapper dès qu'on se détache de vous : il est seul esclave celui que votre amour n'a point délivré.

« Ne vous inquiétez point — Cherchez premiè-
« rement le royaume de Dieu et sa justice, et
« vous aurez tout le reste par surcroît. — A cha-
« que jour suffit sa peine. »

« Mes saints ont expérimenté toute la profon-
« deur, toute la portée de cette grande vérité :
« cherchez d'abord le royaume de Dieu et sa jus-
« tice, et tout le reste viendra par surcroît. »

21. — C'est en Vous, ô Homme-Dieu, que réside l'autorité : respectons-la donc dans tous les sens de ce grand mot.

« Ne jugez point afin de n'être point jugés. —
« On se servira pour vous de la même mesure
« dont vous vous serez servis pour les autres. »

Il n'y a qu'à écouter, à se pénétrer de vérités si pleines de conséquences éternelles et personnelles.

« Demandez et vous recevrez ; cherchez et vous « trouverez ; heurtez et on vous ouvrira. »

Vous êtes notre Père !

« Tout ce que vous voulez que les hommes fas- « sent pour vous, faites-le de même pour eux ! « car c'est là la loi et les prophètes. »

Faites-nous entrer, mon Dieu, dans la pratique de ce précepte de toute justice.

Ne nous laissez point oublier non plus, qu'avec nos semblables, l'indulgence est toujours plus près de la justice que la sévérité.

« Entrez par la porte étroite — qu'étroite est « la porte, et étroit le chemin qui mène à la « vie. »

O Souverain Juge, séparez-moi dès à présent de ceux qui s'en vont par la route large et glissante de la perdition. Maintenez-moi dans ce sentier béni dont il ne faut s'écarter ni à droite ni à gauche pour arriver heureusement au terme.

Vous nous avertissez de nous garder des faux prophètes qui viennent à nous déguisés en brebis, et qui au-dedans sont des loups ravissants : nous les connaîtrons à leurs fruits, car tout bon arbre porte de bons fruits.

Nous avons besoin de nous prémunir contre les séductions multiples du monde dans toutes les circonstances de la vie, et nous trouverions dans l'Evangile toute la sagesse pratique qui nous est nécessaire, si nous l'observions fidèlement.

« Ceux qui me disent Seigneur, Seigneur, n'en-
« treront pas dans le royaume des cieux ; mais
« celui qui fait la volonté de mon Père, c'est
« celui-là qui entrera dans le royaume des cieux. »

Votre volonté, mon Dieu, votre volonté, c'est là tout le chrétien : transformez donc mon âme en votre volonté.

« Quiconque entend ma parole et la met en
« pratique sera semblable à un homme sage qui
« bâtit sur le roc. »

Soyons dans l'admiration comme le peuple qui vous entendit, Seigneur, prononcer le divin discours : profitons-en surtout pour bâtir sur le roc, au lieu de ce sable mouvant où les insensés établissent leurs espérances.

22 — Glorieux martyr saint Maurice, faites-nous ressentir quelques influences de votre vaillante vertu.

C'était hier votre fête, saint Evangéliste, dont il m'est donné de suivre, jour par jour, les divins écrits : votre gloire a été d'accompagner fidèlement le Sauveur durant sa vie mortelle, et d'avoir mis en relief, pour les générations à venir, ses Traits adorables. Par vos prières, grand saint Mathieu, gravez en nous le sens pratique de cet Evangile dont vous avez été l'apôtre.

Aujourd'hui vous mettez devant nos yeux les heureux exemples de cette humilité et de cette foi magnanime qui obtiennent tout du Seigneur. O Jésus, ma prière est celle du centurion — mon état est celui du lépreux que vous avez guéri d'une seule parole. — Je crois en Vous.

« Plusieurs viendront de l'Orient et de l'Occi-
« dent, et seront placés au festin avec Abraham,
« Isaac et Jacob dans le royaume des cieux. Mais
« les enfants du royaume seront jetés dehors dans
« les ténèbres. C'est là que l'on pleurera et que
« l'on grincera des dents. »

Vous êtes tout miséricorde, ô mon Dieu, pendant

que nous sommes encore sur la terre. « Il a pris « sur lui nos infirmités, et il a porté nos maux. »

Touchez-moi comme vous avez touché la belle-mère de Pierre, et que j'imite sa reconnaissance efficace, son service immédiat.

« Les renards ont des tanières et les oiseaux « du ciel ont des nids, mais le fils de l'homme « n'a pas où reposer sa tête. — Suivez-moi et « laissez les morts ensevelir leurs morts. »

Oui, nous voulons vous suivre partout où vous irez. — C'est plus d'une fois qu'il faut s'écrier sur cette mer orageuse : Seigneur, sauvez-nous ! nous périssons. Mais vous commandez aux vents et à la mer, et il se fait un grand calme. Nous n'enfonçons dans les flots que si notre foi faiblit.

S'ils vous eussent connu, ô Verbe divin, ceux qui allèrent au-devant de Vous, et vous prièrent de vous retirer de leur pays, ils se seraient attachés à Vous, ils vous auraient conjuré de rester... Eh bien ! prosternée à vos pieds, je vous supplie de ne vous éloigner jamais !...

13. — Mon Dieu, guérissez encore les paralytiques de notre siècle : qu'ils entendent eux aussi

cette parole bienheureuse : « Mon fils, prenez courage, vos péchés vous sont remis — levez-vous « et marchez. »

Combien elle toucha votre Cœur la priére si pleine de foi du chef de la Synagogue. « Seigneur. ma fille vient de mourir ; mais venez, mettez la main sur elle, et elle vivra. » — La jeune fille n'est pas morte, dites-vous, « mais elle dort » O Jésus ! faites que ma mort ne soit aussi qu'un doux sommeil entre vos bras ! Dites aux bruits du monde : « retirez-vous. » Et vous me prendrez par la main, et je me léverai dans votre désirable éternité.

Vous vous êtes assis à la table des publicains et des pécheurs, et votre bouche trois fois sainte a laissé tomber ces miséricordieuses et consolantes paroles « Ce n'est pas à ceux qui sont en santé « qu'il faut un médecin, mais à ceux qui sont « malades. »

« Allez apprendre ce que signifie : je veux la « miséricorde plutôt que le sacrifice. Car je ne « suis pas venu appeler les justes, mais les pé- « cheurs au retour.

« Les amis de l'époux peuvent-ils être dans « l'affliction tandis que l'Epoux est avec eux ? Mais

« un jour viendra où l'Epoux leur sera ôté, et « alors ils jeûneront. »

La multitude des peuples excite la pitié de l'Homme-Dieu : parce qu'ils sont fatigués et couchés par terre, comme des brebis qui n'ont point de Pasteur.

« La moisson est grande — mais le nombre des « ouvriers est petit. — Priez donc le Maître de « la moisson qu'il y envoie des ouvriers. »

Fils de David, ayez pitié de nous ! un grand nombre d'entre nous sont aveugles. Puissent-ils du moins s'approcher de vous comme ces deux aveugles qui vous suivirent, et répondre à votre interrogation : « Croyez-vous que je puis vous faire « ce que vous souhaitez ? — Oui Seigneur — qu'il « vous soit fait selon votre foi — Aussitôt les yeux « que vous avez touchés s'ouvrirent. »

Il est aussi, Seigneur, des maux invétérés qui désespèrent le pouvoir humain : mais la foi est plus puissante ; et la créature la plus affligée peut dire de Vous : Si je touche seulement le bord de sa Robe, je serai guérie. —

Et vous, qui pénétrez les secrets du cœur, vous vous retournez avec l'ineffable bonté du Dieu

Sauveur, vous voyez celle qui souffre, vous la voyez du regard qui console, et vous lui dites : « Prenez courage, ma fille, votre foi vous a guérie. »

O Dieu plein de douceur et de tendresse, où vont-ils vos enfants infortunés, lorsqu'ils cherchent ailleurs que dans votre sein les consolations à leurs maux !...

24. — « Partout ou vous irez, annoncez que le « royaume des cieux est proche. »

Lorsqu'on ne peut l'annoncer en paroles, il faut l'annoncer en actions, et se tenir toujours dans cette attitude chrétienne qui tend au Ciel comme à un magnifique royaume qu'on entrevoit déjà, et que notre seul but est d'atteindre.

« Quand vous entrerez dans une maison, don- « nez-y le salut en disant : la paix soit sur cette « maison.

« Et si cette maison en est digne, votre paix « viendra sur elle ; mais si elle n'en est pas di- « gne, votre paix reviendra sur vous.

« Voici que je vous envoie comme des brebis « au milieu des loups. Soyez donc prudents comme « le serpent, et simples comme la colombe. »

Prudence et simplicité. Jésus, imprimez en moi ces deux caractéres évangéliques.

« .....Ce n'est pas vous qui parlez, c'est l'Es-
« prit de votre Père qui parle en vous. Vous se-
« rez haïs de tous à cause de mon Nom : mais
« celui qui persévera jusqu'à la fin, celui-là sera
« sauvé. »

Je n'ai donc à souhaiter qu'une chose, que ce soit l'Esprit de mon Père qui parle en moi : alors je n'aurai plus rien à craindre des hommes..... et la constance me sera facile, appuyée sur l'Immuable.

« Ne craignez point les hommes, car il n'y a
« rien de caché qui ne se découvre.....

« Ce que je vous dis dans les ténèbres, dites-le
« en plein jour, et ce qui vous est dit à l'oreille,
« publiez-le sur les toits. »

Mon Dieu, vous nous inspirez la franchise, la loyauté chrétienne qui ne sait ce que sont les respects humains, et nous nous souviendrions au besoin de votre solennelle déclaration :

« Quiconque se déclarera pour moi devant les
« hommes, je me déclarerai de même pour lui
« devant mon Père, qui est aux Cieux.

« Et quiconque me reniera devant les hommes,
« je le renierai devant mon Père, qui est au
« Ciel.

« Ne craignez point ceux qui ôtent la vie du
« corps et qui ne peuvent ôter celle de l'âme ;
« mais craignez plutôt celui qui peut précipiter
« dans l'enfer l'âme et le corps.

« Tous les cheveux de votre tête sont comptés.
« — Ne craignez donc rien. »

Qui n'aurait confiance en entendant le Tout-Puissant lui-même nous assurer, avec un soin touchant, de sa divine protection ?

« Le disciple n'est pas au-dessus du maître ni
« l'esclave au-dessus de son Seigneur.

« Ne pensez pas que je sois venu apporter la
« paix sur la terre : je ne suis pas venu apporter
« la paix, mais le glaive.

« Qui aime son père ou sa mère plus que moi
« n'est pas digne de moi, et qui aime son fils ou
« sa fille plus que moi n'est pas digne de moi.

« Qui ne prend pas sa croix et ne me suit point
« n'est pas digne de moi. »

Il faut *prendre* notre croix avec nos bras, avec notre âme : en suivant Celui qui l'a portée le premier, elle deviendra légère — d'ailleurs il n'y a pas d'alternative : être digne, ou ne l'être pas, du Christ, notre éternelle vie !

« Qui conserve sa vie la perd ; et qui la perd « pour moi, la sauve. »

Seigneur, c'est là une des paroles les moins comprises du monde, mais une de celles dont la profonde vérité se réalise le plus visiblement dès ce monde : elle renferme tout le secret des conséquences mortelles de l'égoïsme, et tout le mystère de vie produite par le sacrifice.

« Quiconque donnera seulement à boire un verre « d'eau froide à l'un de ces petits, parce que « c'est mon disciple, je vous le dis en vérité, il « ne perdra point sa récompense.

« Qui vous reçoit me reçoit ; et qui me reçoit « reçoit Celui qui m'a envoyé. »

O Jésus, divinisez donc tellement nos pensées et nos sentiments que nous sachions vous reconnaître et vous servir dans nos Frères, et que nous les estimions dans la proportion où ils vous représentent.

25. — Vous êtes toujours, Seigneur, Celui qui doit venir — Celui qui est déjà venu.

Dans le désert de cette vie, je suis trop ce roseau que le vent agite. — Rapprochez-moi, mon Dieu de celui dont il est écrit : « Voilà que j'en- « voie devant vous mon ange qui vous préparera « le chemin. »

— Jésus, rendez-nous fidèles afin que nous ne méritions pas les menaces terribles que vous fîtes entendre sur Corozaïn, Bethsaïde et sur l'orgueilleux Capharnaüm. Votre jugement abattra les superbes, tandis qu'il épargnera ceux qui n'auront pas été favorisés d'autant de grâces.

« Je vous bénis, mon Père, Seigneur du ciel et de « la terre qui avez caché ces choses aux sages et « aux prudents, et qui les avez révélées aux petits. »

« Oui, mon Père, car il vous a plu ainsi. Tout « m'a été mis entre les mains par mon Père. Per- « sonne ne connaît le Fils que le Père ; et per- « sonne ne connaît le Père que le Fils, et celui « à qui le Fils voudra le faire connaître. »

Tout est entre vos mains, ô Roi ! la connaissance et l'amour du Père qui constitue la vie éternelle. Quelle est donc notre grandeur, notre substance même, sinon de nous livrer entièrement à votre action, ô Verbe divin !

« Venez à moi, vous tous qui travaillez et qui « êtes chargés, et je vous soulagerai. »

Oh ! Qui nous donnera de savourer l'insondable douceur de cette parole, de cette invitation de notre Frère, de notre Ami, de notre Père, de notre Dieu !

« Mettez mon joug sur vous, et apprenez de « moi que je suis doux et humble de cœur, et « vous trouverez le repos de vos âmes. Car mon « joug est doux, et mon fardeau léger. »

Heureux ceux qui ont expérimenté la légèreté du fardeau de l'amour !... l'infinie douceur de ce joug du Christ !

Apprenez continuellement à notre cœur, ô Jésus, la douceur et l'humilité du vôtre. Préparez et modifiez tellement notre intérieur et notre extérieur, qu'il distille comme naturellement cette humble suavité dont l'inépuisable source est dans votre âme si aimable de mansuétude divine !

Puissions-nous mieux comprendre que là seulement est notre repos. La paix ferme et heureuse que vous nous donnez est fondée sur l'humilité et la douceur. Ces deux indispensables vertus du chrétien forment la riche profondeur, l'abondante onction de son être régénéré. Elles sont vraiment la bonne odeur de Jésus-Christ...

« Voilà mon serviteur que j'ai choisi, mon bien-
« aimé en qui je trouve mes délices. Je répan-
« drai mon esprit sur lui, et il annoncera la jus-
« tice aux nations.

« Il ne contestera, il ne criera point, et per-
« sonne n'entendra sa voix dans les places pu-
« bliques.

« Il ne brisera point le roseau qui est froissé,
« et il n'éteindra point la mèche qui fume en-
« core ; jusqu'à ce qu'il fasse triompher la jus-
« tice.

« Et les nations espéreront en lui. »

« Tout royaume divisé contre lui-même sera
« détruit ; et toute ville, ou toute maison divisée
« contre elle-même ne subsistera point. »

Mon Dieu, faites comprendre lorsqu'il en est temps et à qui de droit, cette vérité dont les conséquences sont effroyables — tandis que les fruits de l'union, de l'unité, seule vivante et féconde, sont la paix, la gloire, l'immortalité.

« Qui n'est point avec moi est contre moi ; et « qui n'amasse point avec moi dissipe. »

Les deux directions possibles en ce monde sont tranchées et radicalement opposées ! on ne peut rester dans la neutralité : il faut être foncièrement pour le christianisme, si l'on ne veut devenir l'ennemi de Dieu même. Tous nos efforts sont vains qui ne sont point soutenus par Jésus-Christ : et il ne nous resterait qu'un amas de poussière.

— La dernière condition de l'âme, qui retombe dans le péché après avoir été purifiée et ornée par la grâce, est pire que la première.

« Qui est ma mère et qui sont mes frères ? Et « avançant la main vers ses disciples : Voici ma « mère et mes frères.

« Quiconque fera la volonté de mon Père qui « est au ciel, celui-là est mon frère, ma sœur et « ma mère. »

La parole de l'homme, Seigneur, n'a rien à ajouter à vos suaves affirmations. Rien non plus ne peut nous donner une idée plus profonde et plus douce des rapports de parenté que de vous les voir prendre pour terme de comparaison des divines relations que vous établissez personnellement avec nous ! Nous trouvons donc rassemblées dans votre amour, à un degré infini, les plus délicieuses nuances des sentiments les plus chers au cœur de l'homme. Les titres les plus nobles, les plus réels, et qui surpassent toute ambition humaine, deviennent les nôtres par les prodigieuses communications de votre Bonté.

27. — « Or je vous le dis, au jour du juge-
« ment, les hommes rendront compte d'une parole
« oiseuse qu'ils auront dite.

« — Par vos paroles vous serez justifiés, et par
« vos paroles vous serez condamnés. »

Donnez-nous, Seigneur, assez de vigilance et d'empire sur nous-même, pour peser toutes nos paroles au poids de votre Evangile.

Et puisque vous avez daigné nous expliquer vous-même le sens profond de vos admirables Paraboles, faites que nous nous en souvenions toujours pratiquement.

« On donnera à celui qui a, et il sera dans
« l'abondance ; mais pour celui qui n'a pas, on
« lui ôtera même ce qu'il a. »

« Et les justes brilleront comme le soleil dans « le royaume de mon Père. — Qui a des oreil- « les pour entendre, qu'il entende. »

O Jésus, mettez dans mon âme, à pleins bords, cette foi, qui est vraiment le champ de vos miracles. —

Seigneur, Fils de David, ayez pitié de moi... O Jésus ! vous ne vouliez pas résister au cri de la douleur maternelle : c'était sur sa fille que pleurait cette mère en vous suppliant d'avoir pitié d'elle-même — mais vous vouliez faire ressortir cette foi humble, cette héroïque confiance qui obtient tout. Vos disciples n'étaient encore que des hommes : ils furent importunés...

« Celui qui aura quitté pour moi sa maison, « ou ses frères, ou ses sœurs, ou son père, ou « sa mère, ou sa femme, ou ses enfants, ou ses « héritages recevra le centuple de ce monde, et « possédera la vie éternelle.

« Or plusieurs, de premiers qu'ils étaient, seront

« les derniers, et plusieurs, de derniers qu'ils « étaient, seront les premiers. »

O Jésus ! détachez-nous de tout ce qui n'est point Vous. — Et faites-nous méditer ce mystère de la substitution des rangs, à vos yeux, pour nous tenir dans l'humilité, en même temps que dans la confiance.

Glorieux saint Denys, j'implore votre souvenir, votre protection. Vous qui avez si dignement parlé des choses célestes, et si divinement agi, je vous supplie de relever nos âmes, de les illuminer, de les épurer.

Sainte Thérèse, grande institutrice des âmes, souvenez-vous que je vous ai aimée et invoquée. — Vous dont le vol séraphique s'est élevé si haut, priez pour que je franchisse avec plus de promptitude et de ferveur les degrés de cet exil dont votre âme, plus que toute autre, a senti le poids, mais dont elle se faisait une infatigable ascension vers le sommet de toute vie, le Dieu que vous avez si ardemment aimé, qui vous comble maintenant d'un amour dont les récompenses dépassent incompréhensiblement, même ces immenses progrès que vous avez faits sans cesse dans votre carrière de géant.

Saint Pierre d'Alcantara, priez, je vous en conjure, pour les affligés, vivants et morts — priez pour ceux que j'ai en vue.

O Jésus ! que l'onction de votre mort, que le baume de votre sépulture soient sur eux.

Vierge consolatrice, ne les oubliez pas !

21. — Sainte Ursule, et vous toutes, vierges compagnes de son martyre, donnez-moi, je vous en supplie, de l'huile de vos lampes pendant qu'il est temps encore de s'approvisionner. — Admettez-moi dans votre chœur bienheureux, afin que l'époux me compte au nombre des vierges sages. — Le lys et la pourpre revêtent vos âmes glorieuses de leurs célestes couleurs, couvrez-moi de la même livrée afin que l'Agneau me reconnaisse.

31. — Mon Dieu, préparez-moi à cette fête que je ne verrai pas se renouveler longtemps sur la terre, quel que soit le nombre d'années que je doive encore y passer. Faites-la nous considérer surtout au Ciel où est cette bienheureuse société qui nous appelle ; ô Jésus ! couronne des saints, vie des saints, laissez-nous approcher de votre table mystique, afin que chacun de nos jours, en nous rapprochant de la mort temporelle, nous fasse croître pour l'immortalité.

Reine de ce monde nouveau, au seuil duquel nous touchons déjà, étendez votre protection sur les exilés, afin de les rendre de plus en plus capables de parvenir à la Patrie : faites surtout briller l'étoile du Ciel aux yeux de ceux qui ne comprennent pas même leur exil. —

1er Novembre.

Seigneur, rassérénez nos jours et chacune de nos heures par une vision anticipée de ce divin pays où vous nous attendez ! O Dieu ! pourquoi nous attardons-nous sur cette voie courte, qui devrait nous y conduire sans détour ? Qu'espérons-nous trouver dans les obscures vallées de la terre ? Elles ont été toutes explorées avant nous, et n'ont laissé que le désenchantement à ceux qui voulaient s'établir sur leurs sables mouvants.

O morts ! qui êtes les seuls vrais vivants, faites-nous comprendre cette fascination dont vous êtes maintenant affranchis, dites-nous ce que vous pensez de la direction de notre existence, depuis que vous êtes placés à l'unique point de vue de l'éternité. — Pour vous qui souffrez encore dans les brûlantes ardeurs de l'expiation, nous implorons sans cesse la clémence divine : — Instruisons-nous aussi à la douloureuse certitude de vos supplices effroyables. L'un des fruits de notre charité pour vous doit être de nous prémunir, par une vie sincèrement chrétienne et crucifiée, contre les siècles redoutables du Purgatoire.

Attachons-nous donc, de toutes les puissances de notre être, au Chef des élus, qui nous a frayé la voie royale de son amour. — Tout ce qui attire et béatifie nos âmes se trouve, au-delà de toute conception, dans cette divine société que nous devons partager avec tout ce qu'il y a eu de vraiment aimable et aimé, depuis le commencement du monde.

Votre ciel, Seigneur, votre ciel !

. . . .

9 Avril 1864.

Jésus, mon Christ d'amour, il est presque impossible de parler de Vous ! Si je veux esquisser l'un de vos traits, la parole s'enfuit de mes lèvres pour vous adorer comme la flèche embrasée qui se perd dans les profondeurs du ciel.

Mais vous écouter, Seigneur, et vous répondre, c'est le bien et la vie de toute âme. Oh ! combien vous réalisez au-delà de ce que vous promettez ! Vous m'aviez fait pressentir votre croix, et je croyais, je sentais avoir déjà tant souffert ! Mais ce n'était que la *figure* de ce qui devait survenir. Le calice de la mort, de la mort des miens, la plus poignante des réalités de la douleur. Et je devais descendre en un plus formidable abîme de souffrance, épuiser la coupe amère d'un exil qui n'a pas de nom dans le langage rationnel. —

Mais laissons. — Moi, je voudrais pouvoir dire : *Mihi vivere Christus est*. Ainsi plus la croix est consumante, plus l'action de grâces doit tout surpassser. Oui merci, Seigneur Jésus : ne vous aurais-je pas aimé moins, si vous m'aviez tenue plus à distance, et dans les sentiers battus de la vie ? Mais en me jetant comme une proie à la douleur, vous ne me laissiez plus respirer qu'en votre inaliénable amour. Et après de longues agonies, vous m'avez pénétrée de joies nouvelles et sans expression.... Jésus-Hostie, vous vous souvenez des inconsolables gémissements, des larmes brûlantes d'une âme que vous aviez sevrée de vous-même — après tant d'années de délices, de sécurité. Oh ! si vous avez voulu par ces jours, par ces semaines de plomb — de plomb incandescent, me faire plus passionnément aimer mon Eucharistie, vous avez réussi !

Mon Dieu, que vos voies sont admirables dès que vous nous les rendez tangibles, visibles, transparentes à travers les contradictions les plus inexplicables. On se meut, on voit, on agit dans une vivante et claire atmosphère que ne ternissent pas même les nuages terrestres. — Esprit-Saint, tirez-moi de la personnalité subjective pour être possédée de l'Objet divin auquel j'aspire, le Christ, dont la science mystérieuse, le caractère suprême est : *Union*.

17 Juillet.

Mon Dieu, il n'y a pas un consolateur autre que vous. — Que l'action de grâces et la croix relient donc cette date à la précédente. O Jésus, ayez pitié de ce cœur tant de fois brisé ! Pourquoi êtes-vous si prompt à me ravir les délices que vous enfoncez le plus profondément dans mon être ? Pendant *cette absence* qui me déchire, donnez-vous à moi sous cette parole divine et humaine : *Parvulus datus est nobis.* Henri ! oh ! rendez-le moi avant que ce bouquet de fête offert de ses petites mains se soit flétri. Mon Dieu, est-ce que ces larmes sont de la faiblesse ? Est-ce que ces baisers d'ange, quand il part, peuvent être autre chose qu'un brise-cœur ? Que toutes les tendresses du ciel et de la terre te protègent et tissent ta vie quelque part que tu sois, enfant de mon âme ! Mon Dieu faites-le croître en vous, faites que nous restions toujours identiques par le fond, et lorsque vous voudrez me reconsoler, vous ferez que la greffe chérie reprenne dans tous les détails de la vie, comme pendant ces deux semaines.

— Ce temps même ne me fait pas oublier tant de biens dont vous m'avez comblée ces derniers mois. Vous les savez mieux, Seigneur, que je ne pourrais les faire apprécier. Oh ! je vous répète cette prière : prenez ma place tout entière, que votre Esprit l'occupe, car ce n'est pas *moi* qui peux me mouvoir sous le poids de votre amour.

18 Avril 1865.

Mon Seigneur et mon Dieu, si *cet entretien* a été longtemps interrompu, ma vie ne vous a-t-elle pas, plus que jamais, appartenu ? Vous l'avez remplie de choses heureuses, quoique bien difficiles ! Vous m'avez lancée de côté et d'autre, portée dans le seul réseau de votre Providence ! Vous avez multiplié les cœurs pour celui qui fut tant de fois broyé. Et maintenant, je vous remercie quelques minutes avant de revoir ce cher enfant, ces chers enfants absents depuis quatre mois. —

Que ferez-vous de nous, Seigneur ? Je rêvais l'éréction de votre trône, sur cette colline. La voix la plus aimée, la plus bienfaisante m'a dit : « Soyez toujours unie à Dieu par le fond de votre âme,

« c'est là tout, » et m'a fait voir quelle illusion peut donner naissance à une trop grande multitude de petits centres qui s'écartent les uns des autres, au lieu de concourir puissamment à l'ensemble. Mais si vous vouliez, ô Jésus, Dieu de l'hostie, et Dieu de la parole, grouper plus intimement autour de vous les âmes qui ne peuvent qu'aimer, prier, étudier, contempler, que ce soit vous qui en réalisiez le lumineux faisceau ! Vous n'avez pas besoin de moi, Seigneur, mais j'ai besoin de vous, et peut-être, dans une certaine mesure, ai-je besoin de l'œuvre rêvée. Accordez-moi seulement de vous être fidèle, et rien ne me manquera.

30 Avril 1865. Sainte Catherine de Sienne.

Mon Dieu, pendant le nombre d'années de silence de ce pauvre petit cahier, ne vous étiez-vous pas chargé vous-même d'écrire en moi tout ce que la vie a de douleurs, et tout ce qu'elle a de joies ? Malgré les tribulations multipliées, Hyères fut le vaste et doux et lumineux horizon entre deux morts. Deux morts, affreux dépouillements, blessure sans remède jusqu'à ce qu'on retrouve en Dieu ce qu'il nous avait si libéralement donné, ce qu'il nous a ôté aux jours de la grande épreuve, que jamais on ne sait, jamais on ne prévoit avant que cette heure finale ait sonné dans notre cœur brisé.

Le premier vide inattendu, déchirant dans cette complète réunion n'avait pu me faire comprendre, avant l'expérience, ce qu'est la perte d'une vie, en qui Seigneur, vous aviez mis le plus profond reflet de votre éternité, de votre bonté. Ce type de justice, de droiture, de délicatesse, d'austère modestie, de religieuse charité, de conscience inaltérable ! cette glorieuse couronne, il a fallu vous la rendre, mon Dieu ! Mais c'était vous, de qui vient toute paternité, qui restiez notre protecteur. Admirable sainte Catherine de Sienne, qui m'inspirez une affection toute particulière; vous savez avec saint Dominique pourquoi le souvenir chéri de saint Dominique se mêle à toutes nos tristesses et tous nos triomphes de famille. Le sursis de trois ans, nous le lui avons dû.

Que l'action de grâces domine tout ! qu'elle entraîne dans un cantique d'allégresse les souvenirs mêmes qui ont fait tant pleurer. La foi à un degré si rare, les belles vertus, la sainteté, l'admirable mort des trois qui nous ont précédés, n'est-ce pas là comme une suppression de l'abîme que l'enfance de notre vie croit entre la terre et le ciel? Votre main, mon Dieu, a le secret de ces coups qui déracinent de ce monde et *transplantent* sur les rives inconnues où vous avez emporté les êtres chers. Et depuis, chaque départ, au lieu d'augmenter les séparations, *abrège* cette distance que bientôt nous franchirons nous-mêmes. Notre résurrection dans le Christ, notre pèlerinage sous la conduite de Marie, la Vierge des consolations, tout est rapide, tout se touche, et tout demeurera — tout ce qui est vrai est éternel dans l'immutabilité du Dieu trois fois saint, du bon Dieu!

Et cependant mes désirs allaient encore plus vite. Je vous avais demandé le ciel trop tôt, Seigneur. Je n'avais pas deviné les soixante semaines de captivité après lesquelles tout est devenu terre promise. O âmes immolées, nations-victimes, bénissez le Seigneur! *Magnificat anima mea Dominum.*

1er Mai.

En lisant ce mois de Marie de l'Immaculée Conception, aussi supérieur à tous les autres qu'une page des Pères de l'Eglise l'emporte sur cette masse de volumes qui nous encombrent au lieu de nous éclairer ; en relisant une de ces Méditations, le remerciement profond à vous, Seigneur, s'unissait au bonheur de puiser dans ces lignes vivifiantes. Je vous rends grâces de m'avoir nourrie, abreuvé ma jeunesse non exclusivement, mais très principalement à ces Sources dont le nom est entre vous et moi, Seigneur.

Mais ne pourrai-je nommer celui qui me fut initiateur aussi quoique sans rapports directs. Vous l'avez reprise, mon Dieu, cette belle lumière du Père Lacordaire qu'on n'oublie pas lorsqu'on l'a vue, lorsque l'âme s'en est imbibée, et que ces vibrations ont retenti en soi longuement, profondément. Rendez-moi, Seigneur, moins indigne de la protection des âmes chères et grandes devant vous qui se sont inclinées vers la mienne. O Marie ! c'est toujours sous votre égide que j'ai entrepris, ou continué les études dont chaque pas rapproche de Vous et du Verbe de lumière, votre Fils. Reine des sciences, je rouvre donc aujourd'hui cette Bible divine et inépuisable.

Saint Albain 5 Mars 1866.

O mon divin Père, je veux me rejeter plus profondément en Vous. Qu'il a fallu de temps à votre petite créature pour que sa parole, après tant de circuits, revînt se reposer ici. Je ne sais quoi de plus sombre et de plus douloureux dans l'ensemble des choses de la vie — quoique au fond il y ait peut-être plus de joies aussi — cherche votre sein comme la seule demeure de lumière et de tendresse. Et vous savez pourquoi je viens d'écrire ce nom de Saint Albain qui pouvait l'être à chacune de ces pages. Est-il dans vos desseins, ô mon Dieu, que ce lieu cher et sacré nous échappe bientôt ? Les charmes de sa saison actuelle, et sa beauté de tant d'années qui nous est familière, et ses liens précieux, nous les sacrifierions.... à quoi ? Hélas, je ne sais. O Père céleste, et vous, Saint Joseph, son Ombre chérie faites que nous ne préférions pas un autre abri que ce toit vénérable. Que votre suave Providence dispose tout autour de nous, et mette un terme heureux à toutes ces pénibles fluctuations. Oh ! qu'il ferait bon ne dépendre que de vous seul, mon Dieu ! ô Jésus, ô Verbe, cette pensée d'adoration plus intense, plus étendue, plus efficace, plus profonde ne peut-elle donc se réaliser sur cette chère colline ? *Albanus candorem sonat*. Le point le plus lumineux de l'été dernier a été cette approche de votre Cœur et de notre chère Bienheureuse Marguerite-Marie, qu'il se reflète donc en rayons croissants sur notre vie et même sur notre pays pour le convertir, le féconder par votre Saint-Sacrement, et en tout : *Fiat* — *Amen*.

11 Mars.

Passerai-je dans l'aridité ce dimanche du *Lætare*? Non ce mot ne devrait plus exister lorqu'on vous connaît, mon Dieu ; mais notre nature est si infirme dans ce lieu d'exil qu'on est, en certaines conditions, comme ne vous connaissant pas, comme ne vous sentant pas. Et la ressource, Seigneur, c'est de vous chercher, c'est de vous invoquer pour que vous ouvriez au fond de nous ces sources de vivant amour divin qui nous rendent l'existence : car notre être ne semble-t-il pas disparaissant sous le poids trop réel de ces peines innommées qu'on ne saurait définir? O Jésus, je crois que la jalousie de votre Esprit augmente en moi le dégoût plutôt que la satiété des affections insuffisantes. Je ne sens plus de la même manière ce ressort brûlant toujours prêt à l'explosion. Les impressions douloureuses ne sont ni moins intenses, ni moins profondes, peut-être le sont-elles davantage, mais beaucoup plus de calme intérieur les enveloppe; ce n'est pas assez dire, ce calme les pénètre, il les nourrit et s'en nourrit. Cela est peu explicable, et on ne saurait le dire qu'à Vous, ô Père, qui voyez dans le secret. Vous êtes dans le secret, et souvent nous y ramenez par ce bienheureux refoulement des choses qui nous atteignent et nous déchirent. Eh bien ! Esprit d'amour, ô Paraclet, conduisez-moi donc plus au fond, c'est-à-dire plus au ciel, afin que cette lassitude ne m'abatte pas. Et puis faites que je ne sois pas ingrate, remplissez-moi de cette divine joie qui est votre Essence. Elle n'exclut pas pour nous, si battus des flots, les gémissements alternatifs de la tristesse, et ce voile un peu sombre ne peut cependant me cacher la tendresse de vos miséricordes qui se dessine de jour en jour.

Saint Albain 22 Mai 1868.

ANNIVERSAIRE DE MA PREMIÈRE COMMUNION

Depuis.... que ces pages n'avaient reçu mes confidences, une joie céleste — ma petite Marie — puis l'ombre douloureuse, entre toutes, de sa mort ! cette ombre intime, poignante que devait dissiper le plus radieux soleil de *ma* vie. — Si, dans le cours de cette année qui a été la plus vivante, la plus souffrante et la plus heureuse de celles que j'aie traversées ; si, dans le cours de cette année, le cahier que *je vous abandonne* ne voulant plus le regarder, était revenu entre mes mains, j'aurais dû peut-être y noter un cantique de joie.

Aujourd'hui, que faut-il écrire, mon Dieu, au sortir de cette semaine d'agonie ? L'action de grâces ? oui, l'action de grâces dans une douleur qui est au-dessus de la plainte et des larmes. Je n'en ai point versé depuis le départ de mon ami. Et malgré les mille glaives qui m'ont fait mourir, sous une apparence de vie, du martyre intérieur, j'ai presque ressenti cette joie de la force et de la paix, qui nous restent lorsque Dieu nous enlève le bonheur comme un hôte trop divin pour ce monde. Il nous attend au ciel.

Je me suis enfoncée dans l'hébreu auquel je n'avais presque touché depuis deux ans. Et Dieu m'a donné d'entendre, sans avoir succombé dans les tortures, ces lignes du Père Gratry.

« Il ne faut nullement vous décourager. Il faut « vous plonger toute entière dans ce courage chré- « tien et cette piété QUI SONT LA LUMIÈRE ET LE BON- « HEUR DE VOTRE VIE. »

Eh bien ! Seigneur Jésus, je ne vous dis pas *adieu* à Vous, de qui viennent toute lumière et tout bonheur..... ainsi je ne dis pas adieu au bonheur. Je ne m'ensevelirai dans aucune tristesse. Ce que nous vous devons le plus, après tant de grâces reçues, c'est la joie de notre âme, c'est l'expansion de notre vie, c'est de prouver à l'univers entier, par les transports de notre félicité, ou par la calme douceur de nos souffrances, que Vous êtes vraiment la béatitude souveraine, que vous nous rendez heureux dès ce monde, que vous nous attendez au ciel. — Car, dans toutes les sphères créées et incréées, c'est Vous qui *rem-*

plissez tout. Je voyais cette immense parole, hier, dans la liturgie de l'Ascension, cette fête du *Sursum corda*. Et puis, en poursuivant la lecture du Missel, une autre parole sacrée m'a arrêtée : « Surtout « ayez un amour constant les uns pour les autres, « car l'amour couvre la multitude des péchés. »

O divine parole qui fait de l'unique vie du Cœur, de sa joie suprême, la *seule expiation efficace* de nos fautes !

Pour moi, ce n'est que par l'amour que je comprends la puissance ! mes fautes, mes offenses me paraîtraient accablantes, me couvriraient de confusion... en un clin d'œil ce monceau disparaît, c'est comme un anéantissement sous le souffle brûlant du repentir qui aime !...

Il est un nom si cher, si résonnant sur toutes les fibres de mon être que j'aurais besoin de l'écrire là, comme l'hymne chéri, l'encens parfumé qui monte vers vous, mon Dieu ! Mais c'est lui que je nommais dans toutes ces ondulations de pensée, de prière, de souffrance, ou de joie, tissu de l'année que je clos ici. — Il ne faut donc pas l'*écrire*, cela ressemblerait au *terme* pleuré, et je ne veux rien laisser *finir* de ce que j'ai aimé !

Qu'il vive donc et se déploie à jamais dans mon âme ce nom vibrant de tous les rayons, de tous les élans d'impérissable jeunesse ! ce nom, dont vous avez fait, mon Dieu, ma richesse ! Et ainsi je ne perdrai point cette simultanéité de toutes les saisons de la vie, qui en fait la force, la beauté, l'harmonie. Je ressens, dans cette impression radicale où l'âme domine tout, ce premier et naïf élan d'enfance (Ne sait-*il* pas que je *lui* reste *enfant ?*) qui me faisait écrire à une aïeule : « je « t'offre mon cœur qui est toute ma richesse. »

« Louons Dieu, dit une âme éminente, d'avoir « voulu qu'il dépendît de nous d'être toujours « riche, toujours jeune, et toujours belle. »

La jeunesse ! cette force ascendante, cette activité intérieure, cette facilité, cette vélocité d'impression qui passe de l'âme au corps, n'est-elle pas mille fois plus la source et la ressource morale qu'une source physique ? Aussi ne puis-je entendre ce que j'aime parler de vieillir. Je me sens si invieillissable, qu'il me semble, dans une étreinte de la pensée et du cœur, posséder le pouvoir de rajeunir, d'immortaliser ce que j'aime.

Nice, 17 Juin 1891.

Et 22 années se sont écoulées réalisant, dépassant tout le bonheur rêvé. — Il y a deux mois, ce bonheur incomparable — l'hôte trop divin pour ce monde — Dieu me l'a repris. Je suis seule désormais, seule avec Lui seul. Lorsque la présence de Pierre, mon unique joie, me sera rendue, ce sera toujours la solitude de celui que Dieu m'avait donné en partage, en soutien de la vie. Quelles épreuves ne nous ont pas broyés en ces 22 années de bonheur ! Ames saintes de nos sœurs parties pour le Ciel, douleurs sans nom d'un frère tant aimé — Absence — puis maladie — crucifiante entre toutes de mes délices de mère, mon fils chéri. Et cependant quelle douceur et quelle force, quel fond de vie et de joie restaient pour continuer le pèlerinage tant que nous étions deux ! L'heure du ciel avait sonné pour mon cher martyr. Mon Dieu, vous seul savez la blessure que vous m'avez faite. Enfoncez dans votre Cœur ce cœur déchiré qui n'est plus que souffrance.

L'UNE DES NOVISSIMA VERBA

DU

DOCTEUR D'ESPINEY

(Il avait été reçu du Tiers-ordre de Saint-François d'Assise, le samedi 26 Mars 1887 dans la chapelle de Saint-Joseph à Nice. Le 22 Février 1889, il y fut reçu Profès sous le nom de frère-François. C'était la fête de sainte Marguerite de Cortone).

« La souffrance physique, et encore plus la souffrance morale, affine et aiguise, pour ainsi dire, tout notre être ; elle peut affaiblir le corps, mais elle donne à la vie de l'âme une intensité, dont le charme étrange, incompréhensible en apparence, est avidement recherché par ceux qui y ont goûté, et qui ont reconnu ce qu'on pourrait appeler la volupté de la douleur. — Pour ces délicats, la souffrance devient, en effet, le marchepied le plus direct, le plus sûr pour s'élever sur les hauteurs, où les maux de la terre n'apparaissent plus que dans la pénombre, tandis que brille déjà, à leurs yeux, l'illumination céleste. « — Ils ont percé mes mains et mes pieds ; ils ont compté tous mes os. » Le chemin de la croix sera toujours le vrai et seul chemin de la vie.

TABLE

LE CORPS

L'AME

OUVRAGES DE DON BOSCO

Le catholique dans le monde, entretiens familiers d'un père avec ses enfants sur la religion. — Un vol. in-12, pag. 366 . 2, 00
— Relié en toile, pouvant servir pour prix 3, 00

Le mois de Mai consacré à Marie Immaculée. — Un vol. in-32, pag. 256 . . 0, 75

Le petit pâtre des Alpes ou vie du jeune François Besucco d'Argentera. — Un vol. in-12, pag. 140 . . . . 0, 35

Michel Magon, élève de l'Oratoire de Saint François de Sales, notice. — Un vol. in-32, pag. 104 . . . . 0, 35

Manière pratique de s'approcher des sacrements de confession et de communion. — Un vol. in-32, pag. 40 . . . . . . 0, 10

Neuvaine à l'auguste Mère du Sauveur, invoquée sous le titre de Marie-Auxiliatrice. — Un vol. in-32, pag. 90 . . . . . . 0, 25

Pierre ou la puissance d'une bonne éducation, curieux épisode contemporain. — Un vol, in-32, pag. 116 . . . . 0, 35

Principes fondamentaux de la religion catholique. — Un vol. in-32, pag. 35 . 0, 10

Sept considérations pour chaque jour de la semaine. — Un vol. in-32, pag. 32 . 0, 10

Valentin ou la vocation empêchée, épisode contemporain. — Un vol. in-32, pag. 80 . 0, 25

Vie du jeune Dominique Savio, élève de l'Oratoire de Saint François de Sales — Un vol. in-32, pag. 135 . . . . 0, 35

Visite au T. S. Sacrement et à la Sainte Vierge, recueil de neuvaines, prières, chapelets. — Un vol- in-32, pag. 32 . . . . . . 0, 10

www.ingramcontent.com/pod-product-compliance
Ingram Content Group UK Ltd.
Pitfield, Milton Keynes, MK11 3LW, UK
UKHW012013240726
13965UKWH00002B/345